보
이
저

Voyager

노나 페르난데스
조영실 옮김

어머니 별
파트리시아에게

Voyager
Copyright © 2019 Nona Fernández
All rights reserved.
This translation of Voyager is published by arrangement with Ampi Margini
Literary Agency and with the authorization of Ampi Margini Literary Agency.
Korean Translation © 2025 Gamang Narrative

이 책의 한국어판 저작권은 베스툰코리아를 통한 Ampi Margini Literary
Agency와의 협약에 따라 저작권자와 독점 계약한 가망서사에 있습니다.
저작권법에 의해 한국 내에서 보호받는 저작물이므로 무단 전재와 복제를
할 수 없습니다.

Obra editada en el marco del Programa de Apoyo a la Traducción para
Editoriales Extranjeras de la División de las Culturas, las Artes, el Patrimonio
y la Diplomacia Pública (DIRAC) de la Subsecretaría de Relaciones
Exteriores de Chile.

이 책은 칠레 외교부 문화·예술·유산 및 공공외교국(DIRAC)의 해외
출판번역지원프로그램의 일환으로 출간되었습니다.

일러두기

⊕ 각주는 역자 및 편집자가 작성했다.
⊕ 단행본 및 신문·잡지 제목은 《 》, 영상물과 곡 제목은 〈 〉로 표기했다.

보이저는 1977년 미국 항공우주국NASA이 발사한 두 대의 탐사선 이름이다. 몸체에서 다양한 모양의 팔과 안테나가 튀어나온 모습은 우주 곤충처럼 기묘하다. 카메라, 광센서, 음향 레이더를 포함해 온도, 색상, 플라즈마 파동, 입자 에너지를 측정하고 해석하는 여러 장비가 탑재된 정교한 구조물이다. 보이저 호는 두 명의 완벽한 사냥꾼이 될 재능을 부여받았다. 보이저의 임무는 기록이다. 별의 기억의 편린들을 저장하는 것이다.

기억에 새로이 에너지를 부여해야 한다.
그것이 혼란스러운 현재와 대화할 수 있도록.

넬리 리차르드

살아 있는 한, 나는 기억한다.

아그네스 바르다

남십자성

어머니가 기절한다. 예고도 없이, 뚜렷한 이유도 없이, 갑자기 바닥에 쓰러져 짧은 순간 의식이 끊긴다. 몇 분, 아니 그저 몇 초일 수도 있다. 정신이 들었을 때 어머니는 무슨 일이 있었는지 전혀 기억하지 못한다. 의식이 끊긴 그 찰나가 그녀의 뇌 속 한구석으로 숨어버린 것이다. 눈을 뜰 때 그녀는 보통 자신을 지켜보는 한 무리의 낯선 사람들을 마주하게 된다. 그들은 도움이 되기 위해 물이나 티슈를 챙겨준다, 그리고 자신들의 이야기로 어머니의 기억에서 사라진 시간을 짜맞춰 준다. 당신은 벽에 기대더니, 머리를 짚고는, 토하면서, 바닥에 주저앉았고, 눈을 감으며, 쓰러졌어요. 어머니 머릿속 괄호 안에 숨어버린 삶의 순간을 부분적으로나마 복구할 수 있도록, 암전 상황의 세부를 제공하는 목소리들의 합창. 내 어머니는 그 시공간이 소멸한 간극에 일어난 일이 떠오르지 않아

괴로워한다. 길 한복판에서 넘어졌다는 사실, 버스 좌석이나 슈퍼마켓에서 줄을 서 있다 쓰러졌다는 사실보다 기억과 의식을 몇 분간 잃는다는 사실이 더 걱정인 모양이다. 기절할 때마다 늘어나는 멍보다 일상의 기억 주변을 배회하는 그 블랙홀들을 더 불안해한다.

나는 어머니를 이해한다. 우리는 그런 일상의 기억들로 이루어진 존재라는 게 내 지론이다. 독창적일 것도 없는 생각이지만, 아무튼 나는 그렇게 믿는다. 아침에 잠을 깨는 방식, 아침 식사로 고르는 메뉴, 나다니는 거리, 예상치 못한 폭우, 이런저런 성가신 일, 정오에 찾아온 놀라운 소식, 신문에 나온 뉴스, 우리에게 걸려온 전화, 라디오에서 흘러나오는 노래, 우리가 차려놓은 음식, 냄비에서 새어 나오는 냄새, 뭔가를 주장하고 요구하는 일, 우리 귀에 들려온 비명. 하루하루의 낮과 밤은 활동과 비활동의 시간, 돌발적인 변화와 일상의 루틴이 겹겹이 쌓여 한 해가 되고 두 해가 된다, 이 모든 것이 연달아 저장되어 곧 개인의 역사로 변환된다. 그렇게 우리가 지니게 되는 기억의 아카이브는 정체성의 기록에 가장 가까운 것이다. 우리 자신에게 도달하기 위한, 그리고 우리 자신을 해독하기 위한 유일한 단서다. 아마도 그것이 심리상담소에서 안락의자에 누운 우리에게 그 재료들을 만져보도록,

유년기·청소년기·청년기를 되돌아보며 단계별 삶의 경험을 말로 표현해 보도록 이끄는 이유일 것이다. 왜냐하면 시상하부의 만화경 안에 수집된 그 모든 것이 우리를 대변하기 때문이다. 우리를 설명하고 우리를 드러낸다. 불연속적인 파편들, 깨진 거울 조각들의 무질서한 더미, 총체적으로 우리를 구성하는 누적된 과거.

나는 어머니를 이해한다. 기억 하나를 잃는 것은 손이나 귀, 배꼽을 잃어버리는 것과 같다.

×

진료실 모니터를 통해 어머니의 뇌 활동을 본다. 그녀는 머리에 전극을 잔뜩 꽂은 채 눈을 꼭 감고 간이침대에 누워 있다. 의사가 시도하는 다양한 자극이 어머니의 뇌에 전류를 일으킨다. 수백억 개 신경세포의 망은 서로 다른 무수한 축삭돌기와 수상돌기로 얽혀 있고, 다양한 전달물질의 연결 시스템을 통해 메시지를 주고받는다. 지금 화면에 재현되는 광경이 아마 그 신경망일 것이다. 어머니가 숨을 들이쉬거나 내쉴 때, 부드럽게 깜박이는 빛이 눈꺼풀에 닿을 때 그 안에서 일어나는 일이 얼마나 복잡한지는 말로 표현하기 어렵다. 그리고 삶에서 행복했던 순간을 떠올려 보라는 식으로 이완 활동이 유도될 때 어머니의 뇌 속에서 그 순간이 구조화되는 모습은 그야말로 장관이다. 어머니가 언어로 표현되지 않은 행복한 기억을 불러내면 한 무리의 신경세포가 덩달아 빛을 낸다. 의사는 검사 전 상담 시간에 미리 신경세포들이 온전하게 활동하는 모습을 보여주었다. 그 전기 스파크가 같은 방식으로 재현되고 있지는 않지만, 내게는 모니터 화면에 나타난 광경이 별들의 풍경처럼 보인다. 검사를 받는 동안 어머니의 뇌를 안정시키고, 그녀의 긴장을 풀어주느라 별들이 부드러운 반짝임의 합창을 하는 환상. 친숙하고 정다운 감각의 이미지를 엮은 그물망 같다고 나는 느낀다. 냄새, 맛, 색깔, 질감, 온도, 감정. 별로 짠 가장 복잡한 태피스트리 같은 신경 회로. 우리 어머니의 뇌 속에 숱한 별이 있고, 그것들은 애정 어린 기억의 이름 아래 별자리를 이루어 빛난다.

✖

내가 마지막으로 별자리를 분명히 본 것은 몇 년 전, 산티아고의 오염된 하늘에서 멀리 떨어진 북쪽 지역에서였다. 나는 작은곰자리, 오리온자리와 그 허리께에 있는 세 마리아 별, 남십자성을 보았다. 내 유년의 이야기 속에서 남십자성은 집으로 가는 길을 알려주는 별이었다. 그 기억을 불현듯 떠올리며 나는 머릿속에서 선명하게 펼쳐지는 장관에 빠져든다.

달도 없는 밤. 재킷 소매 사이로 스며드는 아타카마 사막ˣ의 한기. 약간의 졸음기와 누적된 피로감. 오랫동안 하늘을 올려다보느라 목에 생긴 약간의 통증. 레이저 포인터로 다양한 별자리를 가리키는 천문학자. 그는 나를 비롯한 한 무리의 관광객들에게 우리 머리 위에 반짝이는 저 머나먼 빛들이 모두 과거에서 왔다고 설명한다. 빛을 내보내는 별의 거리에 따라 수십억 년 전일 수도 있다고 한다. 죽었거나 사라진 별들의 반영反映. 그 죽음의 소식은 아직 우리에게 도착하지 않았고, 우리 눈에 보이는 것은 우리가 모르는 사이 꺼져버렸을지도 모르는 삶의 희미한 기미다. 우리의 시선을 붙들어 과거로 이끄는 빛 줄기. 마치 사진첩에 보관해 둔 가족들의 스냅사진이나 우리 기억의 만화경 속 무늬 같은.

입을 벌리고 하늘을 바라보는, 진정한 구석기 시대의 의식에 잠겨 있다가 어릴 때 어머니가 툭 던진 엉터리 이론이 떠올랐다. 산안토니오 항구 바랑카스의 집에서였던 것 같다. 바다와 면해 있는 그곳에서도 별이 잘 보였다. 어느 여름밤, 마당에 앉아 담배를 태우던 어머니는 저 멀리 밤하늘에 거울로

ˣ 남아메리카 안데스산맥 서부, 칠레 북쪽 태평양 연안에 있는 10만 제곱킬로미터 규모의 사막이다. 해발고도 1,500미터인 고원 지대이며 세계에서 가장 건조한 곳이어서 이상적인 천문 관측 장소로 꼽힌다.

우리와 소통하려는 작은 사람들이 있다고 했다. 일종의 빛나는 모스부호처럼 빛을 반사해 메시지를 전달한다고 했다. 어머니가 왜 그런 말을 했는지는 기억나지 않는다. 아마 내가 뭔가 묻자 즉흥적으로 한 대답이었을 것이다. 확실히 기억나는 것은 그 작은 사람들이 하늘에서 내려보낸 빛이 안부 인사라고, 머나먼 거리와 컴컴한 어둠을 넘어 자신들이 거기 있음을 확인시키는 메시지라고 어린 내가 생각했다는 사실이다. 안녕하세요, 우리가 여기 있답니다. 우리는 작은 사람들입니다, 우리를 잊지 마세요. 그들의 인사는 결코 사라지지 않았다. 낮에는 보이지 않았지만 그들은 항상 거기에 있었다. 우리가 고개를 들어 올려다보지 않아도 상관없었다. 도시의 집에 갇히고, 오염된 공기로 뒤덮이고, 네온 불빛과 광고판에 눈이 멀어 머리 위에서 무슨 일이 일어나는지 무감각해도 상관없었다. 그 작은 사람들의 인사는 우리 인생의 어느 밤에나 거기 존재했고, 앞으로도 그럴 터였다. 과거의 빛이 현재에 자리 잡아 무시무시한 어둠을 등대처럼 밝혀준다.

좀 터무니없긴 하지만, 사막에서의 추운 밤에 그 오래된 이론을 떠올리자 막연한 평화로움이 찾아들었다. 마치 자장가처럼, 잘 자라고 얼러주는 할머니들의 부드러운 노래처럼, 검진받는 동안 마음을 진정시키려고 어머니가 불러낸 기억처럼. 그 밤의 장면이 어머니의 자궁으로 돌아가고 싶은 깊숙한 욕구를 충족시켰다. 오래 이어져 오며 우리를 보호해주는 이 신비로운 실재에 대한 기이한 직관은 다른 시간의 차원에서 빛으로 나에게 말을 건네는 천체의 둥근 것들 하나하나로 명확해졌다. 안녕하세요, 우리가 여기 있답니다, 우리를 잊지 마세요.

✖

내가 살아보지 못한 인생에서 나는 용감한 우주비행사였고 항상 호기심으로 올려다보던 별들 사이를 항해했다. 그 삶에서 나는 미지의 은하계에 뛰어들어 초신성 폭발을 목격하고, 블랙홀에서 탈출하고, 온 성운을 가로질렀다. 혜성의 춤에, 수십 개 운석의 질주에, 백색왜성과 적색거성의 존재에 놀랐다. 채 이름 붙지 않은 수백 개 별들이 곁에서 반짝이는 것을 보았다. 나는 그들의 죽은 목소리를 듣고 싶었고, 그들의 구조 요청에 응답하고 싶었다. 그리고 결코 가보지 못한 그 여행의 경유지 한 곳 한 곳에서 나는 별의 풍경이 담긴 엽서를 보냈다. 지금 이 진료실 모니터에서 내 어머니의 기억에 비추어 되살리는 바로 그 풍경들.

  사막에서의 계시로 깨친 것처럼, 과거의 빛이 우리의 현재를 밝게 비춘다. 어머니는 과거의 삶으로부터 행복한 장면을 소환하지만 그 신경 메커니즘은 현재의 행위다. 별자리 모양으로 빛을 내는 전기적 울림. 어머니는 과거의 장면을 부활시키지만 그 두뇌 활동은 현재의 과정이다. 그 행위는 인간의 머리 위에서 우리를 매료하고 혼란스럽게 하는, 헤아릴 수 없이 짜인 우주의 광활한 구조만큼이나 복잡하다. 행여 틀렸을지 몰라도, 나는 이런 생각이 든다. 여성과 남성 들이 수 세기 동안 우주를 관찰하고 이해하기 위해 사용해 온 기관인 인간의 뇌가 우주 전체에서 가장 복잡한 시스템이 틀림없다는 생각.

✖

내 어머니의 뇌 속에 숱한 별이 있고, 그것들은 애정 어린 기억의 이름 아래 별자리를 이루어 빛난다.
    그런데 그 기억은 무엇일까?
    그것은 깨진 거울의 어떤 부분일까?

✖

간질, 그게 내 어머니의 의식이 끊기는 원인이다. 방금 한 검사와 다른 여러 검사들 끝에 신경과 의사는 최종 진단을 내린다. 발작은 신경 회로 중 하나에서 일어난 과도한 전기 활동에 기인한다. 나는 그녀가 기절한 동안 발생한 에너지 누출, 뇌의 단락, 순간적인 정전,

전송 중단 등을 상상한다. 이윽고 뇌 활동이 복구되고 어머니가 다시 작동한다. 마치 두꺼비집이 내려가 집 안의 모든 것이 멈출 때 같다. 시계, 텔레비전, 라디오, 냉장고, 인터넷, 정지된 세계는 고요히 침묵했다가, 누군가 올바른 스위치를 누르면 경보음이 울리고, 집의 시스템이 재설정되고 만물이 다시 작동한다. 마치 정전으로 인해 그 무엇도 마비된 적이 없었던 것처럼. 마치 그 시공간의 괄호 속에서 삶의 한순간이, 즉 손과 귀, 배꼽이 하나도 누락되지 않은 것처럼.

   신경과 병원을 나온 뒤 나는 이전과 다른 눈으로 어머니를 바라본다. 이제 나는 그녀가 어깨에 온 우주를 지고 있음을 안다. 나는 진료실 모니터에서 본 것을 이야기해 드린다. 어머니의 뇌가 밤하늘을 닮았다고 말한다. 어머니 머릿속 신경세포의 전기적 움직임, 기억의 빛, 기억을 되살린 순간 찬연해지던 별자리, 그녀 과거가 반영된 광채에 대해 이야기한다. 모니터에서 반짝인 행복한 장면이 무엇이었는지 묻자 어머니는 미소 지으며, 내가 태어난 순간을 떠올렸다고 대답한다.

✖

내 인생의 첫 장면은 어머니의 뇌 속에 있는 별자리다.
   (안녕하세요, 우리는 작은 사람들입니다.)

내 과거의 원점은 어머니의 머릿속에서 빛난다.
(우리가 여기 있답니다. 우리를 잊지 마세요.)
남십자성이 내게 집으로 돌아가는 길을 알려준다.

www
.
constelaciondeloscaidos
.
cl

몇 달 전 나는 국제천문연맹에 제출할 청원서에 서명해 달라는 요청을 받았다. 내 서명은, 관심을 표명한 다른 이들의 서명과 더불어 하늘에 새로운 별자리를 만드는 일을 지지하는 데 쓰인다고 했다. 청원에 대한 설명에는 추가 정보를 찾을 수 있는 국제앰네스티의 웹사이트 링크가 딸려 있었다. www.constelaciondeloscaidos.cl⊕

칠레 아타카마 사막. 별을 관찰하기에 세계 최고인 장소. 또한 45년 전 스물여섯 명의 칠레인이 죽음의 카라반⊙에 의해 처형된 바로 그곳입니다. 컴퓨터에서는

⊕ '떠나간 사람들의 별'이라는 뜻의 이 웹사이트는 더 이상 단독으로 존재하지 않고, 희생자들에 관한 내용은 국제앰네스티 칠레지부 웹사이트 하위 메뉴로 정리되어 있다. 작가는 그것이 아직 우리에게 빛이 도착하지 않은 죽은 별과 같다고 표현한 바 있다.

⊙ 피노체트 정권이 군사 쿠데타 직후 조직한 군 특수부대로 1973년 9~10월, 채 한 달도 되지 않는 기간 동안 헬리콥터를 타고 전국을 돌며 각지에 구금된 반체제 혐의자 97명을 처형했다. 희생자들의 시신은 심하게 훼손했고, 사막에 묻거나 바다에 던져 범죄를 은폐하려 했다.

영상이 재생되기 시작하고, 그 첫머리에 이런 자막이 떠올랐다. 어떻게 하면 그 스물여섯 명의 사람들이 잊히지 않을 수 있을까요? 어떻게 하면 그런 일이 다시는 일어나지 않게 할 수 있을까요? 이제 화면에는 사막과 밤하늘의 이미지, 처형된 사람들이 살았던 칼라마 시를 상공에서 찍은 풍경이 나타난다. 그리고 흑백 사진들, 그들의 얼굴이 이어진다. 우리는 처형된 사람들의 이름으로 26개 별의 이름을 지어주고 싶습니다. 나는 자막을 읽는다. 우리는 별들을 통해 그들의 사연과 삶을 알리는 우주의 기념물을 최초로 만들 계획입니다. 이제 처형된 사람들의 아내, 어머니, 자매, 딸 들이 나온다. 끝내 묻어주지 못한 주검을 찾아 손으로 온 사막을 뒤지는 모습. 어느 날 그들이 떠나는 것을 지켜본 하늘은 오늘도 영원히 그들을 기억하고 있습니다, 라는 자막이 흘러간다. 별자리에 대해 알아보시고, 국제천문연맹을 향한 청원서에 서명해 주세요.

게자리

나는 1971년 어느 겨울날 자정에, 태양이 게자리를 지나갈 때 태어났다. 이른 아침에 어머니는 다리 사이로 뜨거운 액체가 흘러내리는 것을 느끼고 양수가 터졌다고 생각했다. 그것은 어머니의 처음이자 유일한 출산이었다. 그녀는 상황에 대비해 챙겨둔 여행 가방과 몸을 닦을 수건을 들고 집을 나섰다. 그 길을 따라 몇 미터 떨어진 곳에 돈 티토의 자동차 정비소가 있었다. 그는 기름때로 더러워진 작업복을 입고 매일 아침 일찍부터 일을 시작했다. 어머니는 그 이웃 남자에게 도와달라고 부탁했다. 출산할 때가 되었다고 몸이 알리고 있었지만 그녀 혼자서는 차를 탈 수도, 병원으로 이동할 수도 없었다. 그래서 돈 티토는, 손이 기름에 절고 콧수염이 화려한 그 남자는 가게에 있던 고물차 하나에 올라 어머니, 가방, 수건을 태우곤 최대한 잽싸게 출발했다.

게자리를 이루는 별은 100개가 넘지만 그중 눈에
보이는 것은 50개뿐이다. 가장 밝은 것은 알타르프로,
태양보다 500배 더 밝고 태양계에서 290광년 떨어진
곳에 위치한 황색거성이다. 내 뇌로는 그 숫자가
가리키는 밝기와 거리를 정확히 헤아릴 수 없지만
지금 머리 위에서 깜빡이고 있는 그 빛이 정말이지
오래전에 여행을 떠났다는 것, 과거로부터 긴긴 여정을
거쳐 여기에 다다랐다는 사실은 안다. 밤하늘에서
내가 보는 것은, 더 이상 존재하지 않으면서도 그 반영
속에 여전히 살아 있는 순간이 담긴 빛의 엽서다. 내가
태어난 순간에 대한 어머니의 기억 같은.

인류가 최초로 기억을 기록한 이래로 여성과 남성
들은 무한을 목격해 왔다. 천문학 책에는 석기 시대
선조들이 달의 여러 위상을 동물 뼈에 그림으로
새겨넣었다는 이야기가 적혀 있다. 일출과 일몰, 일식,
달의 변하는 형태, 별의 위치가 방향을 가리켰고
하늘은 지도가 되었다. 나는 그 지도상 별들의 배치로
인간이 시간을 가늠하고 한 계절이 지속되는 기간을
측정했으며, 항해사와 상인이 밤에 바다나 사막을 건널
때 그것을 길잡이로 삼았다는 것을 읽었다. 무리 지은
별을 이어 어떤 형상을 그리고, 그 형상이 상징하는
전설과 민담을 지어내는 일은 별을 구별하고 따라가야
할 경로를 외우는 것을 수월하게 했다. 별자리는 그렇게

탄생했다고 한다. 어둠 속 빛나는 나침반의 소명을 띠고.

게자리는 황도대zodiaco를 구성하는 열두 별자리 중 하나다. 그리스도 탄생 4천 년 전, 동양에서는 바빌로니아인들이 하늘을 관찰하여 태양, 달, 행성들이 별들 앞에서 회전하고 있다는 것을 깨달았다. 별들은 일종의 배경으로 보였다. 천체는 해마다 명백히 같은 경로로 움직였고, 바빌로니아인은 그 경로를 별의 배열에 따라 구간으로 나누었다. 이 천체의 경로가 바로 우리가 알고 있는 황도대로, 그 이름은 그리스어 조디아코스 키클로스zodiakos kyklos 즉 '동물들의 원'에서 유래했다. 원래는 동물의 형상을 가리키는 열여덟 개 별자리로 구성되어 있었다. 황소, 염소, 사자, 물고기, 전갈 등이 포함됐다. 나중에는 음력의 주기와 맞추기 위해 별자리를 열두 개로 줄였다. 게자리는 말 그대로 게의 모습을 한 별 무리다.

그리스 신화에 따르면, 제우스의 아내 헤라는 남편이 인간과 불륜을 저질렀다는 사실을 알고 분노했다. 그녀는 복수를 결심했고, 제우스와 인간 사이에서 태어난 아들에게 분노를 퍼부었다. 그래서 헤라클레스는 태어난 순간부터 헤라가 파놓은 여러 함정에 시달렸다. 그중 가장 잔인한 것은 헤라가 독 탄 포도주를 마시게 한 사건이었다. 독을 마신 헤라클레스는 격노해 날뛰다 아내와 아이들을 적으로 착각해 살해했다. 그리고 그 벌로 그는 열두 가지의 지독한 임무를 수행해야 했다. 하나는 늪에 사는 물뱀인 '레르나의 히드라'를 죽이는 것이었다. 그 뱀은 머리가 아홉 개였는데, 헤라클레스가 하나를 잘라낼 때마다 그 자리에 두세 개가 다시 자라났다. 이 영웅의 싸움을 방해하기 위해 헤라는 게를 보내 발을 물어뜯게 했다. 하지만 헤라클레스는 히드라의 잘린 머리 부분을 불태워 마침내 머리가 되살아나는 것을 막고, 게를 힘껏 밟아 죽여버렸다. 그는 이 시험에서 승리했지만 헤라는 히드라와 게를 하늘로 올려보내기로 결심했고, 그들은 오늘날까지도 두 개의 별자리로 남아 빛을 발하고 있다.

1971년에 태양이 헤라클레스가 짓밟은 게자리의 어떤 지점, 아마도 다리나 더듬이, 아니면 등껍질의 한가운데를 지나는 시점에 내 어머니는 돈 티토의 차를 타고 병원에 도착했다. 어머니는 티토에게 고맙다고 인사한 후 자신의 가방과 수건을 들고 내렸다. 고독하고 초조한 채, 그녀는 출산을 맞을 준비가 되었다.

♋

내 인생의 첫 장면은 내 기억 속에 존재하지 않는다. 내가 태어난 순간에 아무리 집중해 보려고 해도 내 뇌 속 신경세포는 꿈쩍도 하지 않는다. 그것은 내

과거의 근원이고, 모든 것의 원점이며, 내 역사의
배꼽이다. 그러나 어머니가 기절할 때 잃어버린
시간처럼 내 시상하부 한구석에 숨겨져 있다. 나는 마치
잊어버리면서 태어난 것 같다. 우리 모두 마찬가지다.
나는 자신이 세상에 나온 순간을 기억하는 사람을 알지
못한다. 프로이트는 이를 유아기 기억상실증이라고
설명했다. 즉 무의식이 최초의 기억들을 억눌러,
그것들이 우리에게 영향을 미치지 못하도록 접근하기
어려운 어딘가에 저장해 두는 방어 메커니즘이라는
것이다. 하지만 이후의 이론들은 그러한 기원에 대한
망각이 생물학적 이유로 일어난다고 설명하기도 한다.
우리가 의식적인 기억을 저장하기 시작하는 나이는
평균 세 살로, 그 이전에는 아직 뇌가 충분히 발달하지
않는다. 그때까지 우리에게는 장기 기억 능력이 없다는
뜻이다. 그래서 우리는 이 세상에 첫발을 내디딘
순간들을 떠올리지 못한다. 태어난 순간은 말할 것도
없다.

그러나 우리에게는 기억을 밝히는 다정한
이야기들이 있다. 우리의 어머니들, 할머니들, 아버지들,
할아버지들, 바로 그들이 우리가 기억하지 못하는 그
모든 것을 기억의 우체통에 온전히 담아둔다. 별의
위치를 잊지 않기 위해 서로 이야기를 들려준 최초의
사람들처럼, 그들의 밤길을 인도한 별자리에 생명을

불어넣으며 오래도록 구전되어 온 그 이야기들처럼,
부모와 조부모가 전해준 기억들은 우리가 세상의
어디에 있는지, 세상의 어디가 우리 자리인지 알려준다.
우리가 가야 할 경로의 출발점을 알려준다.

◉

그녀는 접수창구에 도착한 일, 진료실에 들어가기
전 수표에 서명한 일을 기억하고 있다. 어느 방으로
따라 들어가 옷을 갈아입고 여행 가방과 젖은 수건을
내려놓은 것도 기억한다. 추운 날씨에 흐리고 회색빛
짙은 날이었다는 것, 그래서 그곳에서 입고 지낼 얇은
환자복을 걸칠 때 닭살이 돋았다는 것도 기억한다.
진통을 기다리기 위해 다른 방으로 옮겨진 것을
기억한다. 내내 혼자 있었다는 것을 기억해 나에게
이야기해 준다. 바깥에서는 아무도 기다리지 않았고
기뻐서든 걱정해서든 메시지를 보내는 이도 없었다.
그녀가 유부남의 아이를 낳기로 결심한 데 대해 자신의
어머니가 매우 화나 있었다는 것을 기억해 나에게
이야기해 준다. 어머니는 그 일로 그녀에게 거의 말도
걸지 않았다고 했다. 내 어머니는 돌아가신 자신의
할머니를 생각하며 성인에게 기도하듯 할머니에게
자신을 돌봐달라고 빌었던 일을 기억한다. 그녀는
조산사가 도착해 청진기로 아기의 심장 박동을

들어보던 순간을 기억한다. 차가운 금속이 피부에 닿는 게 느껴졌다. 어머니는 갑자기 조산사가 자신의 출산을 멈추고 다급하게 의사를 부르던 순간을 기억해 나에게 이야기해 준다. 몇 분 지나기도 전에 어머니는 수술실에 들어갔다. 의사는 아기가 탯줄에 감겨 있어 제왕절개를 할 거라고, 만약 그 상태로 나온다면 숨이 막혀 죽을 거라고 말했다. 의사는 절개를 가로로 할지 세로로 할지 물었고 어머니는 뭐라고 대답해야 할지 몰랐다. 제왕절개에 가장 좋은 방식으로요, 그렇게 대답했다. 마취로 인해 몸의 감각이 사라지기까지 몇 분 걸리지 않았다고 했다. 수술이 시작된다는 의사의 말이 들려왔다. 어머니는 다시 할머니를 생각했다. 자신을 지켜달라고 한 번 더 할머니에게 빌었다. 어린 시절 어느 밤 잠자리에서 할머니가 이야기를 들려주던 일, 자신이 좋아하는 음식을 만들어 주던 일을 떠올렸다. 그리고 할머니와 함께한 옛 기억에 잠겨 있느라 비나그레 박사가 배꼽 아래에 세로 방향으로 메스를 갖다 대는 것도 느끼지 못했다. 의사 이름이 비나그레였다고, 그렇게 기억한다. 그가 칠레 은행장의 아들이었다는 사실은 최근에야 떠올랐다고 했다. 그 자리, 지금은 흉터로 남아 있는 배꼽 아래 그 자리를 통해 1971년 어느 겨울날, 열두 시 정각에 내가 세상으로 나왔다. 어머니는 그렇게 기억하고 나에게 그렇게 이야기해 준다. 비혼모의 딸, 그리고 다른 여자와 결혼한 아버지의 딸. 헤라의 저주였는지 아니면 원초적인 자살 충동 때문이었는지는 모르지만, 태아를 죽이려던 탯줄로부터 살아남은 나는 온통 푸르딩딩하고 지저분한 모습이었다. 폐의 산소는 바닥났지만, 남은 한 움큼의 산소로 겨우 한 차례 비명 지른 후 울음을 터뜨리며, 그렇게 내 여정이 시작되었다.

    어머니는 그렇게 기억하고 나에게 그렇게 이야기해 준다.

♋

신체의 기억은 무한한 별자리로 이루어져 있다. 어떤 별자리는 대뇌 피질에 온전한 의식의 상태로 존재하지만, 접근할 수 없는 어딘가에 숨겨진 별자리도 있다. 실제로 우리의 디엔에이DNA에는 뇌의 신경 언어와는 다른 언어로 새겨진 기억들이 존재한다. 우리 자신도 모른 채로 유전자에 실려 지니게 된 이야기들. 우리는 수억 년에 걸친 진화의 결과이며 그 과정에 대한 기억이 우리 안에 있다. 우리는 우리가 하는 모든 일에 그 진화의 기억을 활용한다. 아무도 우리가 세상에 왔을 때 우는 법을 가르쳐 주지 않았다. 그 활동은 우리가 물려받은 유산의 일부다. 걷고, 보고, 먹는 것도 마찬가지다. 입에 숟가락을 넣을 때마다 우리 몸은 음식을 소화하고, 효소를 합성하고, 음식에서 에너지를 추출한다. 우리가 알지는 못하지만 어딘가에, 수 세기에 걸친 진화 과정에서 축적된 기억의 도서관 같은 곳에 존재하는 지침을 따르는 것이다. 이 도서관은 우리 몸이 저절로 행동할 수 있게 한다. 그렇게 우리는 재채기를 하고, 숨을 쉬고, 웃는다. 그렇게 여성은 누구의 가르침 없이도 출산할 수 있다. 그렇게 아이들은 세상에 나올 때 비명을 지를 수 있다. 아무도 그들에게 우는 법을 가르쳐주지 않은 것이 명백한데도 말이다. 우리 몸속에 있는 그 도서관은 선조들이 남겨준 유전적 이야기로 구성되어 있다. 우리는 몸속에 과거로부터 온 수억 가지 이야기, 스스로 의식하지 못하더라도 우리 안을 순환하는 메시지, 우리를 안내하고 결국 우리의 행동 방식을 이루는 별자리를 지니고 있다. 우리는 유전적 기억을 담은 그릇이다. 태어난 순간부터 그 기억에 의해 설계되어, 세상에 첫 함성을 내지른다. 그 비명은, 비록 우리가 기억하지 못하더라도, 비록 우리가 알지 못하더라도, 비록 우리의 신경 의식에 저장된 게 아니더라도, 우리가 인생에서 최초로 해보는 기억 실행 연습이다.

♋

카스마그나투스 그라눌라투스는 남아메리카의 게다.

그 게의 삶은 단순하다. 먹이를 찾아 흙을 파대고 주된 천적인 갈매기를 피하며 하루를 보낸다. 갈매기가 하늘에서 나타나 자신을 공격하면 게는 몸을 흙 속에 파묻으며 숨는다. 실험에 따르면 카스마그나투스 그라눌라투스는 두뇌가 단순한 데 비해 기억력이 매우 정교한 것으로 확인되었다. 공격받은 지점을 정확히 기억하고 위험지역을 피하는 방법을 깨친다. 포유류의 경우 이러한 유형의 행동이 일어나려면 뇌의 여러 영역이 필요하다. 그런데 이 게는 단 몇 개의 신경세포만으로도 그것을 해낸다.

헤라가 하늘에 올려보낸 게는 과연 헤라클레스의 적대적인 두 발을 기억할지 궁금하다. 만일 또 명령을 받는다면 그 게가 다시 헤라클레스와 싸울지도 궁금하다. 그의 사촌격인 이 남미의 게는 자신의 기억에 따라 행동하므로 아마 그러지 않을 것이다. 그는 자신에게 일어난 일을 잊지 않는다. 남미의 게는 위험지역으로 돌아가는 실수를 반복하지 않는다.

게자리는 황도대의 넷째 별자리다. 천문학이 아닌 점성술의 언어로 말하면, 태양이 이 별자리 앞을 지나는 동안 태어난 사람들은 게자리에 속하고 그 영향을 받게 된다. 이에 따르면 나는 추운 겨울날 첫 비명을 지른 이후로 줄곧, 게자리 그룹에 속한 사람이라는 것이다.

점성술은 누군가 태어나는 순간 별의 위치가

그의 삶을 결정한다고 전제한다. 1971년 남미 칠레 산티아고의 어느 병원에서 비혼모인 어머니, 그리고 어머니 아닌 다른 여자의 남편인 아버지 사이의 딸로 태어난 것이 내 여정의 출발점인 것처럼, 점성술도 우리가 놓인 하나의 우주적 맥락을 지정해 준다. 이 논리에 의하면 우리는 별자리에서 일어나는 일의 에너지로부터 영향을 받으며, 벗어날 수 없다. 설령 우리가 의식하지 못한다고 해도 그곳의 모든 일이 우리를 결정해 왔고, 계속해서 우리를 결정하고 있다.

인류는 역사 내내 별자리 지도를 연구해 왔다. 태양, 달, 별의 위치와 움직임에 대한 지식이 정확할수록 씨를 뿌리거나 사냥에 나설 시기, 밤길을 떠날 때 따라가야 할 방향, 대규모 부족 회의를 열 시기 등을 더 잘 예측할 수 있었다. 그러나 훗날 행성을 발견하고 관찰하면서 여성과 남성 들은 별의 서사에 실용성 이상의 의미를 부여하고 그에 따른 자신의 운명을 해독하려고 애썼다. 그렇게 해서 각 별의 에너지가 인간에게 특별한 영향을 미친다는 이론인 점성술이 등장했다.

고대 점성가들은 별의 영향을 해석하는 하나의 형식으로, 천체를 상징하는 지도를 그렸다. 그 지도에서 태양, 달, 행성, 별은 하나하나 특정한 의미를 지닌다. 한 사람이 태어난 시점에 천체의 존재들이 자리한 위치에 따라 그 상징적 의미들이 교차해 다양하고 복합적인 해석의 좌표를 구성한다. 이를 통해 그 사람의 정신세계를 설명하고, 과거를 분석하고 미래를 예측한다. 이것이 별자리 해석의 기본 방침이며, 황도대 별자리는 그 도구 중 하나다.

나는 앞에서 이야기한 아타카마 사막의 밤을 기억한다. 달 없는 하늘이 기억난다. 재킷 소매 사이로 한기가 스며든다. 약간의 졸음기와 누적된 피로감. 오랫동안 하늘을 올려다보느라 목에 생긴 약간의 통증. 레이저 포인터로 별을 가리키던 그 천문학자가 점성술에서의 상징적 지도 이야기를 하며 웃던 기억이 난다. 어떤 고대인이 임의로 이은 별들의 집합이 특정한 의미를 지닌 채 누군가의 운명을 좌우한다는 것은 불가능하다고 그는 말했다. 어쩌다가 게의 형상으로 상상된 그 별들은 게와는 전혀 관계가 없고 그것들에 부여된 이야기 역시 우연히 지어진 것에 불과하다, 그 이야기에 관련된 에너지가 작용한다거나 하는 일은 있을 수 없다고 했다. 한 별자리의 별들은 서로 수백 광년 떨어져 있으며, 주의주의㉮와 고대 몽상가들의 상상 말고는 그것들을 묶거나 연결하는 고리는 없다는 것이다. 별은 우리 정신세계의 우주에 영향을 미치지

㉮ 주의주의(主意主義)는 의지가 지성보다 우위에 있다고 생각하는 철학적 관념이다. 이 입장에서는 의지라는 정신 작용이 세계의 근본 원리라고 보며 스토아학파, 아우구스티누스 등에 의해 주장되었다.

않는다고 천문학자는 말했다. 그것들은 집시들이 미래를 읽어내는 찻잎 같은 게 아닙니다. 이야기를 맺으며 그는 우리 눈앞에 마시는 초콜릿 별자리를 지어내 그려 보였다. 그러면서 머그잔 모양의 그 별자리는 우리가 몇 분 뒤면 뜨거운 초콜릿을 마시며 추운 밤을 보내게 될 것을 예언한다고 덧붙였다.

어머니는 매일 신문의 퍼즐을 풀 때마다 별자리 운세를 소리 내어 읽곤 했다. 마치 텔레비전 쇼 진행자처럼 재미있게 읽었다. 그래서 나는 이따금, 보통 점심 식사를 마친 뒤 황도대 별자리에 따른 한 주의 운세를 어머니의 목소리로 듣곤 했다. 나는 별자리의 의미도, 그것과 별의 관계도 제대로 알지는 못했지만 어머니의 점괘를 듣는 것은 좋아했다. 늘 좋은 일의 예고였기 때문이다. 내가 기억하는 한 놀라운 일, 선물, 반가운 방문, 즐거운 순간에 관한 예언은 그대로 이루어졌다. 예언이 실현된 몇몇 순간은 나에게 사진으로 남아 있다. 처음 현미경을 들여다본 순간. 처음 떠난 기차 여행. 친구과 친척 들이 가득 모인 집에서 맞은 생일, 모두가 내 이름을 외치는 가운데 내가 자리에서 일어나 생일상의 스펀지케이크 위 다섯 개의 촛불을 불어 끄던 장면도 있다. 그 모든 사진 속 장면들이 내 눈앞에서 빛나고 있다. 어머니가 황도대 별자리 운세로부터 읽어낸 예언들은 이제 내 머릿속 별자리로 펼쳐지는 기억들이 되었다. 지금 나는 사막의 천문학자 말대로 당시 나에게 길했던 예측들은 어머니가 예언자적 소명과 몽상가적 머리로 기발하게 지어낸 창작물에 지나지 않았음을 안다.

나는 점성술 설명서에서 게자리에 관한 정보를 찾아본다. 내가 찾아낸 것은 지구의 위성이자 모든 모성적인 것의 상징인 달의 움직임에 영향을 받는 사람들에 대한 설명이다. 게자리 사람들은 이 별자리 에너지에 속한 민감하고 직관적이며 상상력이 풍부한 존재라고 나와 있다. 그들은 천성적으로 겁이 많아 마치 주위에 큰 위협이 도사린 듯 항상 경계하며 산다. 대개 마음이 수줍고 여려, 자신을 보호하기 위해 숨거나 겉껍질을 만들기도 한다. 그들은 과거를 바라보는 경향이 있다. 그들에게는 과거도 현재만큼 중요하다. 그들은 기억의 지시에 따라 행동한다. 게는 자신에게 일어난 일을 잊지 않기 때문이다. 게자리 사람들은 스스로 경험을 통해 깨치고, 위험지역으로 되돌아가는 실수를 절대 반복하지 않는 존재라고 설명서는 일러준다.

웨누 마푸

웨누 마푸는 마푸체족⊕이 하늘에 붙인 이름이다. 위쪽의 세상, 우리 선조들의 영혼이 사는 곳. 한때 땅에 발을 디뎠고 지금은 그곳에서 우리를 보호해 주는 모든 사람들의 거주지. 만물의 법칙과 자연의 질서를 어기지 않은 이들이 그곳에 도달해 태양의 매 혹은 독수리가 된다.

    어머니가 말씀하신 작은 사람들, 거울에 빛을 반사시켜 암호 메시지를 보내는 사람들, 바로 그들이 태양의 매, 독수리인지도 모른다.

⊕ 칠레와 아르헨티나에 살고 있는 아메리카 원주민. 마푸는 땅, 체는 사람이란 뜻이다.

www
·
constelaciondeloscaidos
·
cl

    나는 국제천문연맹에 보낼 청원서에 서명했을 뿐 아니라 국제앰네스티에도 이메일을 보냈다. 그 메일에서 나는 이 프로젝트를 깊이 존경한다고 밝히고, 지금 별과 기억에 관한 책을 쓰는 중이기 때문에 그들이 진행하는 일과 은밀하고 의도치 않게 연결되어 있는 기분이라고 전했다. 내 글이 그 일에 조금이나마 쓸모가 있다면 어떤 식으로든 활용할 수 있게 전적으로 협조하겠다고도 덧붙였다.
    며칠 후 나는 답 메일을 받았다. 그들은 수많은 서명이 모였음에도 불구하고 국제천문연맹이 별의 원래 이름을 변경하는 것을 승인하지 않을 가능성이 매우 높다고 설명했다. 그러나 어떻게 되든 칼라마에서 처형된 사람들의 유가족과 함께 상징적인 의미로 새로운 별자리를 공개하는 선포식을 열 계획이라고 했다. 그때를 기다리는 동안 내가 처형된 사람의 이름을 딴 26개 별 중 하나의 대모가 되어달라고 그들은 요청했다. 대모의 임무는 그의 가족에게 전할 메시지를 쓰는 것이었다. 이들 메시지는 나중에 인터넷에 공개되고 종이책으로도 출판된다고 했다.

   물론 나는 그러겠다고 했다.

전
갈
자
리

어머니가 또 기절했다. 내가 전화를 받자 경찰은 그곳이
산티아고 시내 파세오 아우마다 거리이며 자신이
어머니 옆에 있는데 이제 회복되는 중이라고 했다.
그녀는 약간 긴장한 상태고, 기절하긴 했지만 컨디션이
나쁘지 않다며 혼자 집에 가겠다고 한다고 알려주었다.
경찰은 그게 별로 좋은 생각이 아니라고 생각해
나에게 전화하기로 어머니와 타협했다고 말했다. 나는
택시를 타고 그녀에게 간다. 거기 벤치에 앉은 채, 제복
차림의 남자 둘과 이야기 나누는 어머니의 모습이
보인다. 생수병과 티슈를 들고 있다. 그녀는 눈을
떠보니 길바닥이었고, 한 무리의 사람들이 지켜보고
있더라고 설명한다. 사람들은 구토를 한 어머니를
생수와 티슈로 닦아준 뒤, 혹시 또 같은 일이 일어날까
봐 경찰을 불러 그녀를 맡겼다. 경찰들은 어머니가
쓰러졌을 때 같이 있지는 않았지만, 그녀가 기억하지

못하는 상황을 재구성해 나에게 들려준다. 어머니는 벽 쪽으로 몸을 기댔다, 손을 머리에 짚었다, 구토를 했다, 바닥에 주저앉았다, 눈을 감았다, 그러고는 쓰러졌다. 경찰들은 그 순간의 여러 세부 사항을 낱낱이 나에게 전한다. 그것은 현장의 사람들이 한목소리로 경찰에게 들려준 증언의 합창이었다. 그렇게 어머니의 머릿속 한구석으로 숨어버린 삶의 조각을 일부나마 복구할 수 있었다.

나는 어머니와 뭘 좀 먹기 위해 카페에 들어간다. 병원에 가서 검사를 받게 하고 싶지만 어머니는 거부한다. 그녀는 검사도 지겹고, 의사며 병원, 상담 다 지긋지긋하다. 기절하는 일도 신물이 난다. 어머니는 이제 지치고 피곤하다. 그저 차를 마신 후 집에 가고 싶을 뿐이다. 어머니가 말하는 동안 나는 그녀를 살펴본다. 창백하고 초췌하며, 검버섯 핀 손은 살짝 떨리고 있다. 회색 머리, 구부정한 등, 충혈되어 깨질 듯한 짙은 초록색 눈. 몸도 말랐다. 살이 얼마나 빠졌는지는 모르겠지만 옷이 좀 헐렁하다. 나는 산안토니오 항구에 살던 그 여름, 별이 총총한 밤하늘 아래에서 담배를 피우던 그녀를 기억한다. 점심을 먹고 나면 별자리 운세를 읽던 한 여자를. 여기서 몇 블록 떨어진 작은 치과 병원에서 일했던 여자는 하루 종일 등을 구부린 채 환자를 보다가 그 모습 그대로 지금 이렇게 등이 굽었다. 나를 데리고 가망 없는 일의 수호자인 카시아의 성녀 리타♏의 성상을 찾아 촛불을 켜고, 은밀한 기도에 대한 성녀의 응답에 감사를 표하던 그 여자. 어느 날 엄마가 되기로 결심하고, 나에게 세상의 한 자리를 마련해 준 그 여자. 지금 내 앞에 앉은 여성의 어딘가에 그 여자가 아른거리며 숨어 있다. 차 한잔을 마시며 지친 미소를 지어 보이는 이 여성을 쳐다보는 동안 과거의 그 여자가 내 머릿속에서 별자리처럼 빛난다. 내 눈앞의 여성은 지치고 피곤할지언정.

언젠가 나는 기절할 거다, 그녀가 말한다, 그리고 다시는 깨어나지 못할 거다.

♏

별들은 공통의 운명을 공유한다. 그들이 중력에 저항하도록 붙잡는 힘이 무엇이든, 초기 질량이 얼마이든, 얼마나 오랫동안 빛났든 상관없다. 모든 별은 예외 없이 결국 분해된다. 나는 어느 천문학 책에서

♏ 성녀 리타는 14세기 이탈리아의 작은 마을 로카포레나에서 태어나 부모의 강요로 조혼한 후, 남편으로부터 학대를 당했다. 18년의 불행한 결혼 생활 끝에 남편과 아들들이 죽자, 갖은 고초 끝에 기적적으로 수녀가 되어 평생 자신처럼 불행한 이들을 위해 기도했다. 인생의 역경에도 굳은 믿음을 지켰다는 점에서 절망한 사람들의 수호성인으로 공경받는다.

별의 일생을 맺고 끊는 것은 두 차례의 대붕괴라는 내용을 읽었다. 첫 번째 붕괴는 별의 탄생이다. 엄청난 양의 가스와 별 먼지 속 '태아 별'들은 성운에 안겨 있다. 우주의 산부인과 병원이라고 할 법한 그곳에서 별들은 내부 물질의 온도와 밀도가 높아져 핵융합 반응이 점화될 때까지 기다린다. 이 핵융합 반응으로 에너지가 생성되며, 별은 중력이 없다면 폭발할 정도의 고온에 도달한다. 내가 제대로 이해했다면, 핵융합 반응의 폭발력은 별을 외부로 밀어내는 압력을 만들어 내고, 중력은 이 압력을 안쪽으로 밀어 억제한다. 내부의 힘과 중력 사이의 완벽한 균형, 바로 그것이 별을 탄생시킨다.

별은 각자 태어나기 전에 안겨 있던 모성운에 의해 결정된다고 한다. 자신이 평생 사용할 연료의 종류를 모성운에게서 물려받는다. 지니고 태어난 연료의 양과 별의 질량이 그 별의 역사를 형성한다. 언제 어떻게 연료가 고갈되고 그와 함께 별의 에너지도 고갈될지 결정되어 있다. 에너지가 다하는 그 순간, 별은 태초부터 정해진 대로 폭발과 분해에 다다른다. 두 번의 붕괴 사이 긴 기간 내내 별은 안정적으로 빛나고, 미래의 지구에서 그 별을 볼 수 있다. 사막의 천문학자가 말했듯이 별의 거리에 따라 수십억 년 후일 수도 있다.

나는 태양 같은 중간 크기 별의 경우 유년기가 수십억 년에 이를 수도 있다는 내용을 읽었다. 이는 별이 탄생할 당시 중력의 작용으로 주변에 있던 별 먼지가 응축되기 시작하는 첫 시기다. 응축된 별 먼지는 행성이 된다. 지구도 그렇게 태어났다. 그리고 이와 함께 우리가 생명이라고 알고 있는 것도 태어났다. 지구상의 모든 생명체는 우리의 별인 태양의 에너지로 세대를 넘어 양육되어 왔다. 나는 우리 인간, 여성과 남성 들은 별의 탄생에서 비롯된 존재임을 깨닫는다.

모성운으로부터 물려받은 내부 연료가 소진되면 별은 청소년기에서 성년기로, 성년기에서 노년기로 빠르고 격렬하게 이행하는 과정에 접어든다. 그중 태양 같은 별들은 운명을 예감하고 두려워하듯 몸을 떨고 흔들어 댄다. 그런 다음 다가온 죽음에 굴복한다. 팽창하며 냉각되다가 마지막에는 수축하며 한 겹 한 겹 부서지기 시작한다. 그들은 몸의 조각을 외부로 흩뿌린다. 그리고 분해되어 먼지가 된다. 우주로 산산이 흩어져 미래에 태어날 새 별을 품을 또 다른 성운을 형성하게 된다. 그 내일의 별들 주위를 또 우리 지구 같은 행성들이 공전하고, 그곳에서 또 생명이 탄생할 것이다, 왜 아니겠는가.

별은 죽음을 맞으면 자신을 이루었던 물질의 일부를 우주로 돌려보낸다. 이는 이전 세대 다른 별의 물질이기도 하다. 별은 죽은 별들의 별 먼지로 만들어진다. 그들은 우리의 현재에, 수천억 년간 우주에서 이어진 무수한 세대의 경험을 빛으로 비춘다. 이 빛의 계주 안에서 죽음은 그저 잠시 지나치는 정거장일 뿐이다.

♏

올봄이면 내 어머니는 여든이 된다. 1938년 11월 어느 날, 우리의 별인 태양이 전갈자리를 통과하고 있을 때 어머니가 세상에 왔다. 나는 그 순간에 대해 자세히 알지 못한다. 사진도 없고 기록도 없다. 그 시절에 보통 그랬듯이 집에서 출산했는데, 그 과정이 길고 힘들어 의사의 도움을 받아야 했다고 들은 기억이 난다. 할머니는 그 결정적인 순간에 하필 딸이 머리가 커서 고통스러웠다고, 그게 가장 큰 장애물이었다고 늘 불평하곤 했다.

    그 위대한 머리에 어머니의 의식적 기억이 다 들어 있다. 어린 시절부터 노년기까지를 아우르는 복잡한 별의 서사. 그곳에는 수많은 이미지가 있고, 그녀의 조상과 후손 들이 담겨 있다. 우리 모두 어머니의 뇌 속 별로 존재하며, 어머니가 지탱해 주는 덕분에 굳건히 빛을 발하고 있다. 어머니 나이에 기억을 지속한다는 건 노동이다. 과거의 이미지를 불러내는 데에는 확신과 시간, 의지가 필요하다. 그녀는 하루하루 그 일에 매달린다, 마치 생명줄을 붙잡듯이. 어머니도 나처럼 자신이 스스로의 기억으로 구성된 존재라는 지론이 있다. 그래서 망각에 굴복하면 조난될 것이라고, 우주로 한 겹 한 겹 떨어져 나가 흩어질 것이라고 믿는다. 비록 약해지고 있긴 하지만 그녀 내면의 에너지는 중력에 맞서 완벽한 균형을 유지하며 자신의 중심을 지키게 하는 힘이다. 그녀 내부에는 아직, 바닥에 가깝겠지만, 연료가 남아 있다. 그녀는 그것을 태워 뇌 속 별자리의 별 하나하나를 밝히는 일에 전념한다.

   지치고 피곤한 어머니는 생일 축하 행사를 원하지 않는다. 그러나 나는 가족들, 가장 친한 친구들과 함께하는 작은 모임 정도면 그녀의 기분을 돋울 수 있지 않을까 싶다. 내가 직접 꾸릴 수 있고 어머니에게 일이 되지 않으면서 깜짝 선물이 될 만한 모임. 이를 위해 나는 어머니의 한평생 사진들을 모으고 있다. 그 모든 스냅사진들로 역사를 담은 영상을 만들고 싶다. 나는 이유를 밝히지 않은 채 어머니에게 낡은 칼파니[m] 구두 상자에 오래 보관해 둔 사진 더미를 한번 살펴보자고 청한다.

   가장 오래된 사진은 츠네카와 사진관에서 찍은

---

[m] 칠레의 오래된 신발 브랜드다.

것들이다. 산티아고 시내에 있던 그 사진관에서 수많은 사람들이 자신을 기록해 남겼다. 다들 지금 내가 보고 있는 이 사진과 매우 비슷한 방식으로 사진을 찍었다. 사진 속 어머니는 두어 살 된 어린아이로, 손에 공을 몇 개 든 채 방석에 앉아 있다. 곱슬거리는 머리에는 커다란 리본이 달렸다. 머리가 크다. 할머니의 말은 거짓이 아니었음이 증명되었다. 사진 속 어머니는 공을 가지고 놀다가 카메라를 향해 치아를 드러낸 채 환하게 웃는다.

어머니는 그 순간을 기억하지 못한다. 그녀의 뇌가 장기 기억 능력을 갖추기 전이기 때문에, 어머니가 아무리 떠올려 보려고 한들 어떤 신경세포도 꿈쩍하지 않는다. 그 대신 그녀가 간직한 것은 이 사진과, 당시에 대해 자신의 어머니가 해준 이야기였다. 둘을 통해 어머니의 뇌 속 괄호 안에 숨어버린 그 순간을 헤아릴 수 있다. 어머니가 처음으로 사진관에 갔던 일을 들려주자 과거의 이야기, 과거의 사진은 현재가 되더니 내 손안에서 팔딱팔딱 뛰고 내 귓가에 울려 퍼진다.

또 다른 사진에서 어머니는 하얀 옷을 입고 있다. 머리에 베일을 썼고 흰 장갑을 낀 손으로 백합꽃을 들었다. 여덟 살 무렵인 듯하다. 목에는 리본을 둘렀고 성화聖畫가 그려진 메달을 걸고 있다. 마치 어린 성녀, 어린 성모 마리아, 어쩌면 어린 정령 같다. 뒤편으로는 신비롭고 흐릿하게 표현된 천상의 빛무리가 펼쳐져 있고, 그 안에 초점이 맞지 않는 그리스도의 이미지가 보인다. 어쩐지 불안감을 자아내는, 옅고 덧없어 보이는 환영이다. 사진은 첫 영성체 날의 기록이었다. 어머니는 약간 긴장한 표정으로 간신히 미소를 짓고 있다. 나는 그녀가 이해된다. 사진 속 모든 것이 조금 음산하다.

또 다른 사진에는 할머니 품에 안긴 어머니의 모습이 담겼다. 아마 여섯 살쯤 되었을 것이다. 배경은 산안토니오 항구 바랑카스에 있던 집 마당이고 그날은 1940년대 어느 해의 봄, 어머니의 생일날 오후다. 가족들이 축하하기 위해 모여 있다. 삼촌과 사촌 여럿이 들떠서는 카메라를 향해 웃는다. 마치 내가 여기 미래에서 자신들을 염탐하고 있다는 걸 아는 듯하다. 토테 작은할아버지, 빅토리아 이모할머니, 마리아, 카노, 초체 치코, 베토 삼촌, 돈 아르투로, 그리고 할머니. 그들은 젊고 아름다우며, 앞날이 창창하다. 그리고 모두가 그 사실을 안다. 모두가 그 소녀를 무척 사랑하고, 그녀를 축하하려고 모였다. 그들은 케이크를 먹고, 생일 축하 노래를 부르고, 촛불을 끌 것이다. 바로 그 순간 우리의 어머니 별인 태양이 전갈자리를 통과하고 있다는 사실을 의식하지 않고. 어쩌면 아예 알지도 못한 채. 태양은 아마 전갈의 어느 다리께를 지나가고 있었을 것이다. 더듬이의 모서리, 아니면 독을 품은 꼬리의 치명적인 끝부분을 지나고 있었는지도 모른다.

    이 사진에서 행복하게 웃고 있는 사람들은 우리 어머니만 제외하고 모두 돌아가셨다. 어머니는 지금 여기에서 너무나 생생한 과거의 그들을 보고 기뻐한다. 나는 그분들을 자세히 살펴보며 내가 그들 모두와 닮았다고 느낀다. 할머니의 입, 이모할머니의 웃음, 삼촌의 눈. 그리고 어린 어머니 얼굴에서는 내 아들이 보인다. 각각의 얼굴은 하나의 공통된 거울의 다른 판본이다. 반영의 반영, 반영의 일그러진 반영. 이 사진에는 유전적 유산이 온통 산재해 있다. 아주 오래전에 시작된 가계 혈통이다. 그들 조부모에게서 시작된, 아니 나의 조상이기도 한 그들 조부모의 조부모의 조부모에게서 시작된, 아니 그보다 더 먼 과거로 한참을 거슬러 올라가는 계보. 오랫동안 이어온 생물학적 계주, 그 안에서 나는 잠시 지나치는 정거장에 불과하다.

    이 가족사진을 보면 막연한 평화로움이 찾아든다. 자장가처럼, 잘 자라고 얼러주는 할머니들의 부드러운 노래처럼. 오래 이어져 오며 우리를 보호해 주는 이 신비로운 실재에 대한 기이한 직관은 다른 시간의 차원에서 나를 향해 웃음을 보내는 얼굴들 하나하나에서 명확해졌다. 깨진 거울, 흩어진 유리 파편들, 여기저기서 반짝이는 퍼즐 조각에서 나는 이런 말을 읽어낸다. 안녕, 우리가 여기 있단다. 우리를 잊지 말렴.

♏

어떤 문화에서든, 태초의 기억은 혼돈이었다고 기록한다. 혼돈의 와중에 어느 순간, 아직 시간 자체가 존재하지 않았던 카오스 상태였으므로 엄밀하게는 순간이라고도 할 수 없는 그 시점에 무언가가 폭발했다. 우주의 시작이었다. 이 대폭발로부터 수백억 년이 흘렀다. 그동안 우리의 어머니 별인 태양이 과거 다른 별의 물질로 이루어진 성운에서 잉태되었고, 태어났고, 빛을 발하기 시작해 오늘날까지 빛나고 있다.

여성과 남성 들은 늘 태양과 별들을 바라보며 인간 존재의 근원적 수수께끼에 대한 답을 구했다. 우리는 누구인가? 우리는 어디로 가는가? 우리는 어디에서 왔는가?

나는 태양의 유년기에 그 주위를 돌던 별 먼지로부터 지구가 만들어졌다는 것을 읽었다. 처음에 지구는 둥근 형상으로 하얗게 작열하다가, 시간이 지남에 따라 냉각되어 고체로 굳었다. 수십억 년에 걸쳐 진행된 이 과정에서 중력 작용에 의해 무거운 물질은 지구 내부에 퇴적되고 가벼운 물질은 표면에 남았다.

그렇게 지각이 형성되었다. 그러는 동안 화산 폭발로 증기와 가스가 방출되어 최초의 대기도 나타났다. 지구의 표면 온도가 물의 끓는점 아래로 낮아지자 많은 양의 증기가 응결되어 비가 어마어마하게 내렸으며, 이 비가 지각의 암반을 침식하고 바다를 만들었다. 약 35억 년 전에 바로 그곳, 바닷물 속에서 살아 있는 유기체가 출현했다. 이 유기체는 진화했다. 스스로 복제할 수 있는 분자가 생겨났고, 이들 분자가 집합체로 결합되면서 최초의 세포가 탄생했다. 그로부터 또 수백만 년이 지나는 동안, 세포는 계속 진화해 서로 유전정보를 교환할 수 있는 생명체, 즉 유성생식으로 번식하는 생명체로 이어졌다.

그 후로도 긴 시간 동안 일련의 환경적 우연들이 잇달았다. 예측 불가한 논리로 엮인 혼란스럽고 임의적인 흐름이었다. 유전물질의 무작위적 변이로 가득 찬 경로를 따라 다양한 작용과 반작용이 발생했다. 환경에 적응하지 못한 수많은 생명체의 죽음과 살아남은 생명체로부터의 새로운 출현. 이 모든 우연한 사건의 예상치 못한 결과로 우리가 속한 인간 종이 탄생했다. 그 광란의 게임에서 작은 조각 하나라도 다르게 움직였더라면, 지금 이 책을 쓰는 존재도 읽는 존재도 아예 다른 종이었을 것이다.

최초의 어류와 최초의 척추동물이 등장했다.

이전에는 바다에서만 살던 식물이 육지에 정착하기 시작했다. 최초의 곤충이 진화했고 그 후손은 지구에 서식한 최초의 동물이 되었다. 날개 달린 곤충은 땅과 물 어디서나 생존할 수 있는 양서류와 동시에 나타났다. 최초의 나무와 최초의 파충류가 생겨났다. 공룡은 진화했다. 포유류가 등장한 후 최초의 새가 날아올랐다. 처음으로 꽃이 피었다. 공룡은 멸종되었다. 돌고래와 고래의 조상인 원시 고래류가 태어났고, 영장류도 이 시기에 태어났다. 막 빙하기에 접어들 무렵, 영장류는 고도로 진화해 뇌가 매우 커졌다. 지능이 높고 사회성과 친화력을 갖춘 영장류는 관할 범위를 넓혀가기 시작했다. 나무에서 내려와 두 다리로 섰고, 직립 보행의 세월을 거쳐 지금의 우리 인간 종으로 진화했다.

두 페이지 분량의 이 일반적이고 두루뭉술한 요약으로는 인류가 오늘날의 모습을 갖추기까지 소요된 시간과 노력의 양을 다 설명하지 못한다. 수십억, 수백억 년의 시간이 흐르는 동안 얼마나 많은 생명이 태어나고 죽었는지 내 머리는 완전히 이해할 수 없다. 우리가 일어서고, 생각하고, 말하고, 불을 다스리고, 도구를 발명하고, 사회를 조직하고, 땅을 경작하고, 가축을 키우고, 집을 짓고, 도시를 세우고, 금속을 제련하고, 하늘을 올려다보고, 우리는 누구인가? 우리는 어디로 가는가? 우리는 어디에서 왔는가? 라고 질문하기까지 도대체 얼마나 숱한 과정이 전개되어야 했는지.

별 먼지, 가스, 수소, 불, 별의 원자, 분자, 미생물, 박테리아, 세포, 해조류, 식물, 산소, 곤충, 양서류, 파충류, 무척추동물, 척추동물, 폭발, 가스, 화산, 비, 홍수, 기후 변화, 운석, 포유류, 영장류, 그리고 장장 수 세기에 걸친 진화, 이 모든 것을 통해 분명히 알아낼 수 있는 것은 우리가 우연의 딸아들이라는 사실 뿐이다. 우리는 우리의 시작이었던 대폭발의 에너지에 떠밀려 시간 속을 나아간다, 그 거대한 첫 분출의 계속되는 저류에 휩싸여 가는 것이다. 그래서 우리는 우리의 기관이 어떻게 진화하는지, 우리의 유전자가 어떻게 진화하는지, 우리의 종이 어떻게 진화하는지 깨닫지도 못한 채 매일 아침 일어나서 식사 준비를 한다. 과거로부터 온 생명력이 은밀하게 우리를 움직여, 우리 자신의 이해를 넘어선 존재로 변모시킨다. 우리는 불가사의한 과정과 시간 없는 시간을 계승하고, 예견할 수 없는 흐름의 논리를 은연중에 상속한다.

이 모든 과거의 경험, 우리를 움직이게 하는 심연의 경험은 우리 몸의 기억으로 저장되어 있다. 우리는 그것을 유산처럼 지니고 다니며, 매일 실행한다. 알든 모르든 인정하든 아니든, 그 덕분에 우리는 아침에 깨어난다. 그 덕분에 우리는 걷고 뛴다. 그 덕분에 우리는 울고, 소리 지르고, 먹고, 위험으로부터 자신을 방어한다. 그 덕분에 우리는 저 위에 빛나는 것이 우리의 반영이라는 은밀한 직관으로 하늘을 올려다본다. 알지 못한 채 물려받은 그 모든 경험 덕분에 우리는 태초의 폭발로 우리의 일부가 무한의 와중에 흩뿌려졌다는, 그리고 여전히 흩어진 채 남아 있다는 의혹을 품고 살아간다. 어둠을 뚫고 빛나는 그 한 조각 속에 우리가 수 세기 동안 품어온 수수께끼의 답이 있다. 우리는 누구인가? 우리는 어디로 가는가? 우리는 어디에서 왔는가?

♏

18년 전 7월의 어느 새벽, 나는 꿈을 꾸었다. 꿈속에서 나는 내가 태어난 집으로 돌아가 있었다. 벨을 눌렀더니 표면이 우둘투둘한 유리창 너머로 한 무리의 사람들이 나를 맞으러 급히 달려오는 발소리가 들렸다. 문이 열리자 할머니가 보였다. 그리고 그녀의 동생들인 빅토리아 이모할머니, 토테 작은할아버지도. 어머니의 생일 사진 속 등장인물이 모두 있었고, 그들은 내가 들어서자 행복한 미소를 지어 보였다. 할머니는 나를 안으로 들인 후 긴 복도를 따라 식당으로 데려갔다. 식탁에는 삶은 계란과 마요네즈로 만든 가정식 카나페가 가득 차려져 있었다. 케이크, 그리고 파이용인 듯한 소파이피야[m]도 있었다. 음료는 할머니의 오래된 꽃무늬 찻잔에 담겨 있었다. 꿈에서 그 식탁을 보지 않았더라면 그 찻잔을 기억하지 못했을 것이다.

할머니는 이미 몇 년 전에 돌아가셨다. 얼마 지나지 않아 토테 할아버지도 돌아가셨고 몇 달 뒤에는 빅토리아 할머니도 세상을 떠났다. 나는 꿈에서도 그 사실을 기억했고, 유령을 만난 사람처럼 당황해서는 그들을 마주했다. 나는 꿈을 꾸고 있다는 것을 확실하게 인지하고 있었고, 이 재회가 다시 없을 감사한 선물임을 알았다. 꿈은 너무나도 선명했다. 내가 겪고 있는 모든 게 너무 선명해 받아들이기 어려울 정도였다. 내 뇌 속 어디에 세세한 것들이 그렇게나 많이 저장되어 있었는지 의문이었다. 할머니의 향수 냄새, 작은할아버지의 안경 디자인, 이모할머니가 머리를 묶을 때 쓰던 금속 핀. 어떤 힘이 내 안에 아직 남아 있는지조차 몰랐던 그 기억들을 불러일으킨 것일까. 가장 놀라웠던 것은 그분들의 목소리였다. 맑고 깨끗하게 내 귀에 울린 그 목소리들은 머릿속에서는 도저히 재현할 수 없는 것이었다. 살아 있는 사람의 목소리처럼 명징한 음색이 한 명 한 명의 고유한 정체성을 각인시키며 울려왔다. 그들이 정말로 거기에

---

[m] 스페인 문화권에서 먹는 전통 빵 반죽이다.

있는 것 같았다. 내 무의식이 꾸며낸 환상도 아니고 신경세포가 내 기억에서 이름, 얼굴, 목소리를 짜내어 별에 투영한 활동의 결과물도 아닌, 진짜 같았다.

꿈과 기억의 차이는 무엇일까? 이들을 구별하는 경계가 있을까? 그 둘이 공유하지 못하는 영역이 있나? 그것들은 공기의 실로 한데 꿰매어져 있고, 섬세한 메스 날로 잘려 미묘하게 나뉘어 있다. 둘 다 변덕스럽고 혼란스럽고 제멋대로다. 서로 혼동되고 뒤섞이기 쉬워서 굳이 구별하는 게 의미 없을지도 모른다. 내가 들은 것은 분명 그들의 목소리였다. 나는 그분들의 말을 전부 알아듣지는 못했지만 어른이니 그냥 끄덕여 드리곤 했다. 그분들 말년에도 그랬다. 이해가 안 가고 논리가 이상한 이야기를 하시더라도 끼어들지 않고 맞춰드렸다. 모든 게 당황스러울 만치 친숙했던 이번 방문에서도 나는 그때처럼 미소 지으며 "네" 하고 대답했다.

어느 순간 할머니는 우리가 축하해야 한다며 적포도주를 한 병 꺼냈다. 나는 무엇을 축하하는지 몰랐지만 항상 하던 대로 네, 건배해요, 하고 말했다. 아마도 내 생일이라고 착각하신 게 아닐까 짐작했다. 그런 다음 비닐봉지에 담긴 선물 꾸러미가 두 개 나타났다. 하나는 할머니, 다른 하나는 이모할머니 선물이었다. 나는 각각의 봉지에서 물고기 뼈가 달린

흰색 조개 목걸이를 꺼냈고 그들은 그런 나를 유심히 쳐다보았다. 두 목걸이는 똑같았다. 흉측하고 똑같았다. 나는 여느 때처럼 그들의 선물을 좋아하는 시늉을 했다. 물고기 뼈가 달린 조개 목걸이 한 쌍이 세상에서 가장 갖고 싶었던 물건이라고 말했다. 내가 할머니의 선물 꾸러미에서 목걸이를 하나 더 발견하자 세 사람은 손뼉을 치며 즐거워했다. 작고 얇은 목걸이였다. 정말 섬세하고 가늘어 진짜로 관심이 생겼다. 할머니가 그걸 내 목에 걸어주었고, 나는 그대로 두었다. 그러고 싶었다. 그런 척하는 시늉이 아니었다. 목걸이가 마음에 들었다. 그러자 세 사람은 나를 꼭 껴안고 축하해 주었다. 나는 다시 그들과 함께 있어 정말 행복했다. 노인들 냄새에 휩싸여, 노인들 팔에 감싸여, 노인들의 사랑에 푹 안긴 채, 저 우주 모성운 속에서 옛 세대의 가스와 별 먼지로 둘러싸여 태어날 준비를 하는 별처럼. 그들이 나에게 마련해 준 선물, 포도주, 음식, 차, 그 축하의 표현 전부를 감사히 받았다. 무슨 의미인지는 알지 못했다. 정말로 몰랐다.

나는 꿈에서 깨어나 곧바로 그 내용을 적어두었다. 평소에는 꿈을 기록하지 않는데, 왜인지 그때는 그렇게 했다. 방금 전한 이야기가 당시에 적은 내용의 일부다. 끝부분에는 다음과 같이 썼다. "나는 아직도 우리가 정확히 무엇을 축하했는지는 알지 못한다. 하지만 그것을 기다리고 있다." 그 문장 옆에 꿈을 꾼 시간, 날짜, 장소가 적혀 있다.

  두 주 후 나는 임신했다는 사실을 알게 되었다. 모든 상황이 순조롭게 흘러간다면 돌아오는 가을, 태양이 양자리를 지날 때 나는 엄마가 될 것이다.

w w w
.
constelaciondeloscaidos
.
cl

HD89353 별: 마리오 아르구에에스 토로. HD90972 별: 카를로스 베르헤르 구랄니크. HD85859 별: 아롤도 카브레라 아바르수아. HD70523 별: 카를로스 에스코베도 카리스. HD70442 별: 헤로니모 카르판치 초케. HD70761 별: 베르나르디노 카요 카요. HD72310 별: 루이스 알베르토 가오나 오초아. HD73495 별: 다니엘 가리도 무뇨스. HD73752 별: 루이스 알베르토 에르난데스 네이라. HD73840 별: 마누엘 이달고 리바스. HD74745 별: 호르헤 롤란도 오요스 살라사르. HD75605 별: 도밍고 마마니 로페스. HD78541 별: 다비드 미란다 루나. HD78702 별: 에르난 모레노 비야로엘. HD80479 별: 로사리오 무뇨스 카스티요. HD80586 별: 밀톤 무뇨스 무뇨스. HD82205 별: 빅토르 오르테가 쿠에바스. HD82232 별: 라파엘 피네다 이바카체. HD72908 별: 카를로스 피녜로

루세로. HD82734 별: 세르히오 라미레스 에스피노사. HD83380 별: 페르난도 라미레스 산체스. HD83754 별: 알레한드로 로드리게스. HD84117 별: 로베르토 로하스 알카야가. HD84367 별: 호르헤 유엥 로하스. HD86267 별: 호세 사아베드라 곤살레스. HD80479 별: 루이스 모레노 비야로엘.

⊕

제가 아주 어렸을 때 별에 대해 묻자 어머니는 자신만의 기상천외한 이론을 들려주었습니다. 먼 밤하늘에는 거울로 우리와 소통하려는 작은 사람들이 존재한다고 했지요. 일종의 빛나는 모스부호처럼 빛을 반사해 메시지를 전달한다는 것이었어요. 오랫동안 저는 그 엉뚱한 이야기를 믿었습니다. 그 작은 사람들이 하늘에서 내려보낸 빛은 머나먼 거리와 깜깜한 어둠을 넘어 우리에게 건네는 안부 인사라고, 자신들이 거기 있음을 확인시키는 메시지라고 생각했지요. 안녕하세요, 우리가 여기 있답니다. 우리는 작은 사람들입니다. 우리를 잊지 마세요. 그들의 인사는 결코 사라지지 않았습니다. 낮에는 보이지 않지만 그들은 항상 거기 있었어요. 우리가 고개를 들어 올려다보지 않아도 그대로 있고, 도시의 집에 갇혀 있거나, 오염된 공기로 뒤덮이고 네온 불빛과 광고판에 눈이 멀어 머리 위에서 무슨 일이 일어나고 있는지 무감각할 때도 마찬가지였지요. 그 사람들의 인사는 우리 인생의 어느 밤에나 존재했고, 앞으로도 그럴 것입니다.

   이제 저는 추모하는 마리오 아르구에예스 토로가 HD89353 별에서 깨진 거울 조각으로 우리에게 신호 보내며 연락을 시도하고 있음을 압니다. 그의 과거의 빛이 현재에 자리 잡아 무시무시한 어둠을 등대처럼 밝혀주고 있습니다.

   그의 가족, 특히 그의 아내 비올레타 베리오스에게 애정 어린 인사를 전합니다.

노나 페르난데스 실라네스

⊕

나는 마리오라는 이름이 붙은 별의 대모가 되었다.
   나는 그 별의 탄생을 품은 성운이다.

물고기자리

황도대의 마지막 별자리는 물고기자리로, 약 150개의 별로 구성되어 있다. 상상력을 좀 발휘해 보면 그것은 밧줄로 꼬리를 묶은 물고기 두 마리의 형상이다. 물고기들은 서로 반대쪽을 향하고 있지만 결코 분리될 수는 없다. 밧줄이 그들을 하나로 묶어준다.

   그리스 신화에 따르면 그 물고기들은 아프로디테와 그녀의 아들 에로스다. 둘은 무시무시한 티폰*을 피해 도망치고 있었다. 티폰은 지상에 서면 머리가 별에 닿을 정도로 거대했다. 대지의 여신 가이아는 아프로디테가 아레스와 불륜을 저지르고 아이를 낳은 데 화가 나, 티폰에게 아프로디테 모자를 뒤쫓게 했다. 아프로디테는 괴물로부터 몸을 숨기려 아들과 함께

---

* 그리스 신화에 등장하는 괴물로, 인간의 몸 일부에 용 머리 100개와 뱀의 꼬리, 날개를 지닌 거대한 반인반수로 묘사된다. 힘이 엄청나며 거센 바람을 관장한다. '태풍'을 뜻하는 영단어 Typhoon의 어원이다.

물고기로 변신한 뒤 물에 뛰어들기로 했다. 물살에 휩쓸려 헤어지지 않도록 그녀는 자신과 에로스의 몸을 밧줄로 묶었다. 그렇게 하면 어두운 바다 밑에서 무슨 일이 벌어지더라도 하나로 이어져 있을 것이다. 이 용감한 행동에 놀란 제우스 신은 그들을 하늘로 올려 보내기로 했고, 그 덕분에 아프로디테와 에로스는 오늘날까지 밤하늘을 헤엄치는 두 마리 물고기 형상으로 남아 있다.

나의 대자代子이자 HD89353 별인 마리오 아르구에예스 토로는 1939년 3월 5일에 태어났다. 태양이 물고기자리를 통과하고 있었다. 어쩌면 두 물고기 중 누군가의 축축한 눈을 지나가고 있었을까. 아니면 그들을 연결한 탯줄의 한 귀퉁이, 꼬리의 은색 비늘을 지나가던 중이었을까. 마리오가 어떻게 세상에 왔는지는 모른다. 물어볼 사람도 없고 알아낼 방법도 없다. 나는 칼라마에서 태어났을 것이라고 짐작하지만, 틀렸을 수도 있다. 인터넷에서 마리오에 대한 정보를 검색해 봐도 정보가 많지 않다. 나는 어느 웹페이지에서 그의 이름을 찾아낸다. 칼라마에서 죽음의 카라반에 의해 처형된 다른 스물다섯 명의 이름과 함께 나와 있다. 그리고 그의 프로필을 서술하는 단 세 줄의 정보.

34세, 상인이자 택시 운전사, 사회주의 지도자. 그는 군사 쿠데타가 일어난 지 며칠 후인 1973년 9월

26일에 체포되었고, 10월 16일 군사재판에서 38도선 이남으로 3년간 추방되는 형을 선고받았다. 하지만 이와 상관없이 임의로 처형당하던 날, 그는 추방지로의 이송을 앞두고 감옥에서 대기 중이었다. 평행 이론에 따라 생각해 보면, 만일 그날 죽음의 카라반이 칼라마를 지나가지 않았다면 마리오는 가족과 멀리 떨어진 남부 지역에서 3년간 살았을 것이다. 가장 좋은 시나리오대로 되었다면 그는 추방 기간이 끝난 후 아내 비올레타가 있는 고향으로 돌아갔을 테고, 내가 지금 인터넷에서 그를 검색하거나 그에 관한 글을 쓰려고 애쓰는 일은 없었을 것이다.

나는 마리오의 유가족에게 격려의 메시지를 보내면서 국제앰네스티에도 다시 연락했다. 나도 새로운 별자리 선포식에 참석할 수 있는지 메일로 물었다. 별의 대모로서 그 별이 탄생하는 순간을 함께하고 싶었다. 그들은 즉시 환영의 답신을 보내왔고, 원한다면 행사 조직위원회에 합류할 수 있다고 했다. 나는 그 아이니어가 마음에 늘었고, 며칠 후 그들과 함께 일하기 시작했다. 회의가 열렸고, 업무가 분담되었고, 이메일이 오갔다. 유가족들에게 전달될 인사말을 모으고, 메시지를 담은 책을 디자인하고, 별이 빛나는 사막의 밤을 표현한 자수 작품을 만들고, 포크송 가수를 섭외하고, 행사 대본을 쓰고, 기술

인력을 구성하고, 조명 및 음향 장비, 의자, 가족들이 이동할 버스를 구했다. 몇 주간 나는 이 공동의 활동에 휩싸여서는 열정적으로 자료를 정리하고 행사를 준비했다. 태어날 별들을 한꺼번에 품은 성운의 일부인 것처럼. 이번에는 26개의 별이 탄생을 앞두고 있었다.

마리오 아르구에예스는 생전에 칼라마 시의 우르타도 데 멘도사 길 2301번지에 살았다. 나는 북부 지역에 간 김에 그의 아내를 만나고 싶어 그 집을 찾아갔다. 그리고 도착한 문 앞에 멈춰 서서 생각했다. 여기가 마리오가 살아보지 못한 평행 세계라면 그가 울타리 안쪽에서 짖어대는 개들을 달래며 직접 나왔을지도 모른다. 일흔아홉 살이 되었을 것이고, 내가 인터넷에서 찾은 사진과는 다른 모습일 터였다. 틀림없이 머리가 더 희고, 체구가 줄고, 살이 더 찌거나 빠지고, 아마 이전에는 필요하지 않았던 안경이 코에 걸려 있을 것이다. 마리오가 살아보지 못한 그 평행 인생에서 어쩌면 그는 나를 의아하게 대했을지 모른다. 실례합니다, 아가씨, 어떻게 오셨나요? 그는 유령처럼 나타난 나를 보고 당황해서는 머뭇머뭇 물었을 것이다. 우리가 살고 있는 이 또 다른 차원에서 자신은 더 이상 존재하지 않으며 이 책에서 내가 보는 그는 그저 나의 상상일 뿐이라는 걸 짐작도 못 한 채.

그의 아내 비올레타가 대신 나온다. 개들이 그녀

주위에서 펄쩍펄쩍 뛰고 꼬리 치다가, 조용히 하라는 말을 듣고 수그러든다. 개는 세 마리다. 루이스 미겔, 마르티나, 카타. 내가 미리 방문을 알렸기 때문에 그녀는 맞이할 준비가 되어 있다. 나를 집 안으로 안내하고 마리오의 이야기를 하려 한다. 그녀는 남편에 대해, 카라반에 대해, 그리고 사막을 뒤지던 자신의 삶에 대해 증언하는 데 익숙했다. 우리는 거실에 앉았다. 개들은 수행단처럼 따라와 우리 옆 큰 매트 위에 누웠다. 마르티나는 어려서인지 가장 불안해한다. 그녀는 우리 다리 사이를 오가고, 비올레타의 침실에 들어갔다 나왔다 한다. 한때 마리오와 함께 썼던 방이다. 다른 두 마리 개는 기운이 없다. 왜 그런지는 모르지만 움직임이 느릿하고 짖지도 않는다. 벽, 커피 테이블, 내 옆 책장에는 샤키라라는 개의 사진이 걸려 있다. 대략 예닐곱 장의 사진마다 샤키라는 다양한 장면과 상황에 등장한다. 목에 빨간 스카프를 두른 채 사막에 있는 샤키라. 그 스카프는 '칼라마 정치 처형 및 실종·구금자 가족 단체' 여성들의 것과 같았다. 빨간 리본으로 귀를 장식한 샤키라. 비올레타와 함께 안락의자에 앉아 있는 샤키라. 칼라마 거리에 있는 샤키라. 몇 시간 뒤 별자리 선포식이 열릴 기념비에 있는 샤키라. 비올레타는 샤키라가 자기 딸이었다고 털어놓는다. 11년 동안 함께한 샤키라가 죽자 그녀는 이전에 겪어본 적 없는 극심한 우울증을 앓았다고, 슬픔과 공허함에 시달렸고, 복통이 생기고 살이 빠졌다고 했다. 야윈 몸의 비올레타는 샤키라에 대해 이야기할 때 유난히 감정을 풍부하게 내비쳤다. 그녀에게 샤키라는 대체 불가능한 존재다. 마르티나, 루이스 미겔, 카타도 대신할 수 없다. 그녀는 샤키라가 너무 그립고 그 개가 없는 삶은 이전과 전혀 같지 않다고 말한다.

집 안쪽, 눈에 덜 띄는 구석에 마리오의 사진이 보인다. 확대한 사진이라 해상도가 좋지는 않지만 인터넷에서 본 것보다는 낫다. 가까이 다가가서 자세히 살펴본다. 그는 양복 차림에 넥타이를 맸고, 어딘지 모를 장소에 앉아 은은한 미소를 띤 채 옆을 바라보고 있다. 갈색 피부에 긴 머리는 뒤로 넘겨 빗었고, 호감 가는 얼굴이다. 잘생겼다. 비올레타가 그 사진의 마리오는 서른세 살이라고 말한다.

안녕하세요, 마리오. 나는 속으로 생각한다. 저는 당신의 대모고, 여기 찾아왔어요. 당신을 만나고 싶었어요.

비올레타는 4월의 어느 밤, 산티아고 엑스포시시온 거리와 알라메다 거리 모퉁이에서 그를 처음 본 일을 기억한다. 버스를 기다리고 있었는데 그가 다가와 시간을 물었다고 기억한다. 그녀는 그를 쳐다보며 매우 잘생긴 청년이라고 생각했다. 갈색 피부에 건장한 남자였다. 이전에도 정류장에서 곁눈질한 적이 있었다. 그녀가 버스에 타자 그도 따라 탔다고 기억한다. 그녀가 자리에 앉자 그도 옆에 앉았다. 그들은 가는 내내 이야기를 나누었고, 자신이 내릴 때 그도 같이 내리고 싶어 했다고 그녀는 기억한다. 외딴 동네에 살았던 터라 새어머니가 집 앞에 나와 기다리고 있었다고 그녀는 기억해 나에게 이야기해 준다. 마리오는 그녀와 나란히 집까지 걸어갔고, 덕분에 아직 이름도 모른 채로 그를 어머니에게 소개하게 되었다고 그녀는 기억해 이야기해 준다. 새어머니가 그를 안으로 초대했고 그 덕에 함께 식탁에 앉아 대화하고 음식을 먹었다고 기억한다. 그는 우유를 마셨다고, 신선한 우유 두 잔을 마셨다고 했다. 비올레타는 마리오가 다음 날 기차를 타고 북쪽으로 돌아가야 했다고 기억하고 나에게 이야기해 준다. 그는 상인이었고 산티아고에서 물건을 사 칼라마의 가판대에 되팔았다. 알약, 실, 연필 같은 것들을. 그런데 다음 날 그는 그녀를 만나러 왔다. 이번에도 집에 들어왔다. 역시 식탁에 앉아 신선한 우유를 또 마시며 대화 나눴다. 그렇게 그의 구애가 시작되었다고 비올레타는 기억하며 나에게 이야기해 준다.

기억하다recordar라는 단어는 '반복'을 뜻하는 접두사 re와 '심장'을 뜻하는 cordis로 이루어진 라틴어

recordari에서 유래했다. 어원에 따라 해석하면 기억한다는 것은 다시 심장을 통과한다는 의미다. 기억은 심장의 일이라는데, 우리가 기억할 때마다 뇌 어딘가에서 신경세포의 별자리가 반짝인다면 뇌와 심장은 마치 꼬리 묶인 두 마리 물고기처럼 밀접하게 연결되어 있는 것이 아닐까, 생각한다.

몇 년 후 비올레타와 마리오는 칼라마로 이사했다. 그들은 지금 우리가 앉아 과거를 회상하고 있는 이 집에 정착했다. 그들은 저기 보이는 방, 마르티나가 주인처럼 드나드는 바로 저 방에서 잠들었다. 그들은 바로 이 부엌에서 요리하고, 바로 이 식탁에서 식사하고, 45년 전 바로 이 지붕 아래에서 딸이나 아들을 낳으려 계획을 세우고 노력하는 중이었다. 마리오가 결코 살아보지 못한 평행 인생의 미래에 동행할, 혹은 샤키라의 사진처럼 그 미래를 대신 채워줄 아이들을. 1973년 9월의 어느 날 비올레타가 불임 치료를 위한 검진을 받으러 산티아고에 간 사이 군사 쿠데타가 일어났고, 마리오는 칼라마에서 체포되었다. 그다음은 고문실, 이어 감옥, 그곳으로 비올레타는 음식과 깨끗한 옷을 가져갔고, 그리고 추방형 선고, 마지막엔 예기치 못한 죽음의 카라반이 들이닥쳤다.

비올레타와 마리오는 어느 순간에 서로를 잃지 않으려 밧줄을 묶게 되었을까? 그들은 어느 시점에 괴물 티폰의 위협을 느꼈을까? 1973년 10월 19일 마리오가 사막에서 처형된 이후 비올레타는 쉬지 않고 그를 찾아 헤맸다. 스무 해 동안 매일 아침 일찍 나가 맨손으로 팜파스*와 사막을 뒤지고 다녔다. 마리오의 유골이라도 찾기 위해. 그의 몸의 일부라도, 그의 옷의 일부라도, 무엇이라도 좋으니 그를 묻어주고 작별을 고할 수 있게 하는 그 무엇이라도. 그렇게 찾아다니는 일에 시간이 밀봉되었다고 그녀는 기억하며 나에게 이야기해 준다. 자신은 시공간의 괄호 속에 갇혀 멈춰 있었다고. 그거 알아요? 비올레타가 말한다. 나는 마흔이 된 것도 몰랐어요. 쉰이 되었을 때도, 예순이 되었을 때도, 일흔이 되었을 때도 깨닫지 못했어요. 마치 정지된 것 같았지요. 그를 찾아다니기만 했어요. 삶이 내 주변에서 흘러갔지만 나는 전혀 의식하지 못했어요.

이제 비올레타는 여든이 되었다. 며칠 후면 내 어머니도 그 나이가 된다. 비올레타는 나를 바라보며 지쳤다고 말했다. 지쳤고 피곤하다고. 정신과 의사는 그녀에게 마리오를 놓아주라고, 이제 과거를 뒤로하라고 권유했다. 그녀의 몸과 마음은 더 이상 그들을 하나로 묶어주던 탯줄을 지탱할 수 없다고

---

* 남아메리카 중위도 지역 저지대에 있는 75만 제곱킬로미터 면적의 비옥한 평야를 가리킨다. 남아메리카 원주민의 언어로 '초원'을 뜻한다.

조언했다. 그것은 그녀에게 너무 벅차고 무겁다고. 그녀가 뛰어들어야 했던 컴컴한 물속을 벗어나, 물 위로 머리를 내밀고 다시 한번 숨을 쉬는 편이 좋을 거라고, 숨을 쉬라고, 밤하늘을 올려다보며 저 멀리 마리오가 실 끊어진 연처럼 자유롭게 떠다니는 모습을 상상해 보라고. 그가 거기 있다. 그 다정한 얼굴, 진중한 미소, 뒤로 넘겨 빗은 머리카락이. 별과 별 사이를 헤엄쳐 가다가 가끔 멈춰서 지구를 내려다보며 깨진 거울 조각으로 신호한다. 거기서 그는 아마도 이런 암호 메시지를 보낸다. 안녕, 비올레타. 나 여기 있어. 나를 잊지 마.

✳

많은 사람들이 물을 것이다, 왜 유골이 필요하죠?

나는 그의 유골을 사랑하니까요, 비올레타는 말한다.

✳

칼라마에서 남동쪽으로 13킬로미터 떨어진 도시 산 페드로 데 아타카마로 가는 길에는 처형된 스물여섯 명 희생자를 기리는 기념비가 있다. 별자리 선포식을 준비하면서 우리는 그곳의 사진들을 살펴보았다. 콘크리트 기단 위 기둥 26개가 반원형 목재로 연결된 구조물 앞에 커다란 철 십자가가 서 있다. 기둥마다 처형된 사람의 이름과 생일, 사망일이 적힌 명판이 붙어 있다. 기념비가 건립된 것은 그 범죄가 발생한 지 31년이 지난 2004년 10월 19일이었다.

우리는 기념비를 향해 길을 따라간다. 행사 진행에 필요한 것을 모두 실은 밴을 타고 있었다. 아직 이른 시각이었다. 우리는 밤에 유가족, 그리고 행사에 참석하고자 하는 추모객을 태운 버스가 도착하기 전에 준비를 마칠 수 있도록 시간을 충분히 확보하려고 했다. 우리는 막 출발했는데, 목적지까지의 13킬로미터가 계속 늘어나는 느낌이었다. 단조로운 사막 풍경이 우리를 현기증에 빠뜨렸고, 끝없이 같은 길을 지나고 있는 기분이 들었다. 운전기사에게 우리가 잘 가고 있는지, 적절한 경로를 선택했다고 확신하는지 물었고 그는 그렇다고 대답했다. 그는 칼라마에서 태어나고 자란 현지인이어서 이런 종류의 길을 다 겪어봤다. 다 잘 알고 있으며, 안 다녀본 데가 없다고 했다. 그는 안전하게 우회전하더니 도로를 뒤로하고 사막으로 들어선다.

이 풍경 속에 과거가 살고 있다. 일어난 일의 흔적들이 저항할 수 없는 게임의 단서처럼 나타난다. 여기서 무슨 일이 있었는가? 어떻게? 언제? 왜? 사막의 기후는 고고학자들에게 마치 우주처럼 무한한 연구의 세계로 진입할 가능성을 제공한다. 아타카마 사막은 세계에서 가장 건조한 사막이다. 내부의 평균 습도가 18퍼센트에 불과해, 유기물 분해 과정이 느리게 진행된다. 또한 소금기가 많아서 시체가 쉽게 미라가 되고, 사물은 세월의 흐름으로부터 비켜나 오랜 기간 온전히 보존된다.

건조한 기후 덕에 사막의 하늘은 얇고 투명하다. 그 투명성이 이곳을 가장 이상적인 천체관측 장소로 만든다. 해발고도, 적은 구름양, 거의 존재하지 않는 습기, 그리고 빛 공해와 전파 방해로부터 멀리 떨어진 위치 때문에도 아타카마 사막의 밤하늘은 시야가 맑고 트였다. 그것이 이곳에 천문대가 열두 곳 넘게 몰려 있는 이유다. 전 세계 천체관측의 40퍼센트가 칠레에서 이루어진다. 그리고 추가적인 천문대 설치가 추진되면서 앞으로 수십 년 내 이 비율은 거의 70퍼센트에 이를 것이다. 이처럼 칠레 북부는 천체관측의 요지다. 하늘에 보이는 모든 것이 우리 과거의 일부라는 사실을 고려해 볼 때, 아타카마 사막이야말로 지구에서 가장 중요한 시간 여행 관문이라고 할 수 있다. 이곳에서는 땅을 쳐다보든 하늘을 쳐다보든 과거의 사건으로 향하는 배의 탑승구에 있는 기분이 든다. 피할 수 없는 게임의 출발지다. 여기서 무슨 일이 있었는가? 어떻게? 언제? 왜? 행성의 기억들을 밝히고 별자리로 펼치는 신경세포의 마법이 벌어진다.

오후의 열기로 저 먼 길 위에 신기루가 떠오른다. 존재하지 않지만 멀리서 관찰되는 물 흐르는 풍경의 환상. 착시 현상, 우리가 탄 밴이 아무리 다가가도 멀어지기만 하는 바로 저기 물기 어린 미래에 대한 바특한 감각. 우리는 불가사의한 영토를 가로지르고 있다. 시간의 가장자리에서 날아온 장면들을 반영하는 거울 지대를. 눈을 감으면 사막 위를 날아가는 헬리콥터 소리가 들린다. 더 집중해 보면 군악대가 연주하는 끔찍한 선율이 들려온다. 새로 도착해 배에서 내리는 사람들의 목소리가 들리는 듯하다. 그들의 묵직한 장화가 시멘트 바닥을 밟는 소리가. 허리 벨트에 달린 대검이 그들의 엉성한 전투 복장을 장식하고 있다. 어쩌면 환영사와 공식적인 경례가 들릴지 모른다. 나중에는 칼라마 거리를 지나가는 트럭의 엔진 소리, 감옥을 떠나는 수감자들의 긴장된 발소리, 그들의 가쁜 숨소리, 대답이 돌아오지 않는 몇 가지 질문도 들릴 것이다. 그 뒤를 이어 사막으로 이동하는 소리, 고함, 총성, 기관총 소리가 들린다. 오래오래 묵은 소리들이다. 내가 듣고 싶지 않아도, 기필코 여기 존재하며 텅 빈 언덕을 떠돌고 있다. 그 소리를 벗어나는 건 불가능하다.

나는 그들만 따로 모아 감옥에서 끌어냈다는 것을

알고 있다. 그들을 트럭과 밴에 실어 칼라마에서
몇 킬로미터 떨어진 토파테르 언덕으로 데려갔다.
거기에 그들을 내리게 하고 집단으로 처형했다는 것을
알고 있다. 마치 적군을 상대하듯, 아무 무장 없이
결박된 그들에게 대검과 기관총을 사용했다. 한 발의
총격으로는 충분하지 않아 금속 칼날을 펼쳐야 했다.
그들은 그 메마른 땅 위에 하나씩 쓰러져 갔다. 시신은
하나씩 들려 트럭 몇 대에 쌓여갔다. 그 장면은 이
언덕들 어딘가에서 계속해서 투영되고 있는 신기루의
일부다.

그들은 죽기 전에 무슨 생각을 했을까? 무엇을
느꼈을까? 무슨 소리를 들었을까? 우리는 그런 질문을
스스로 해볼 수 있다. 우리는 상상해 볼 수 있다. 우리는
그들의 이름을 별에 붙이고, 세례를 베풀고, 기념비를
세우고, 촛불을 켜고, 헌화를 하고, 그들을 기리는
기념품을, 심지어 그들의 얼굴이 들어간 엽서나 금속
배지를 만들 수도 있다. 그러나 우리는 그 내밀한
마지막 순간에 대해서는 아무것도 알 수 없다. 사막조차
그런 답은 해주지 않는다. 나는 그 미지의 풍경의 경계
밖으로 추방당한 기분이다. 무어라 표현해야 할지 알
수 없는 언어의 한계에 무력해진 채, 나는 마리오에게
집중하려고 애를 쓴다. 그의 다정한 갈색 얼굴, 그의
집 벽에 걸려 있던 진중한 미소에 집중한다. 그 10월의

오후에 사형집행자들 앞에 선 마리오의 모습을 떠올리지 않으려고 저항해 본다.

1990년, 십수 년간 줄기차게 가족의 유골을 찾아다니던 비올레타와 여성들은 팜파스를 뒤진 끝에 무언가를 발견했다. 파편들, 자그마한 부분들, 느슨하게 흩어진 조각들, 그것들은 마치 시상하부 한구석에 아무렇게나 저장된 기억들 같았다. 더 이상 현존하지 않지만, 그녀들 내면 어딘가에 일부가 되어 있고, 꼬리 묶인 채 그녀들 몸과 뇌에 연결되어 있는, 깊숙이 저장되어 있는 그 존재들의 파편들.

여성들이 유골을 발견한 장소에서 발굴이 진행되었다. 고고학자와 전문가들은 사건을 재구성할 수 있었다. 그들은 그 순간이 숨겨져 있던 초원의 시공간 속 괄호를 탐구했다. 여기서 무슨 일이 있었는가? 어떻게? 언제? 왜? 일어난 일의 흔적들이 생생하게 나타났다. 마치 트럭들이 그곳에 온 것이 어제인 듯, 시신을 치우는 장비가 작업한 것이 불과 몇 시간 전인 듯. 그곳은 희생자들의 시신이 처형 당일에 처음 실려 온 곳, 파묻히고 숨겨진 곳이었다. 몇 년 후 그들은 파내어져 다시 옮겨졌다, 영원히 숨겨 행방을 알 수 없게 하기 위해서였다. 묻혔다가 파내어졌다. 숨겨졌다가 거듭 숨겨졌다. 실종되었다가 거듭 실종되었다.

군은 굴착기를 사용해 흙을 파고 원래의 비밀 무덤에서 시신을 꺼냈다. 트럭으로 옮겨 싣는 과정에서 두개골과 발이 어긋났다. 굴착기가 떨구고 간 부분들이 1990년에 이르러 가족들에게 발견된 것이다. 그 첫 구덩이 자리에 지금 우리가 향하고 있는 기념비가 세워졌다. 그곳에 처형된 스물여섯 명의 명판이 있는 이유는, 그들 가족들에게는 무덤이라고 할 만한 장소에 그나마 가장 가깝기 때문이다. 한때 희생자들이 실제로 묻혔던, 그 사실이 확실한 유일한 장소이기 때문이다.

  운전기사는 걱정하지 말라고, 이제 기념비에 매우 가까이 왔다고 말한다. 그러나 아무리 앞으로 나아가도 우리 눈에는 사진에서 본 것과 닮은 곳이 보이지 않는다. 철 십자가도 없고, 26개의 기둥 무리도 없다. 우리 중 한 사람은 사전 답사차 어제 거기 다녀왔다. 그녀는 이곳이 자신이 본 풍경과 전혀 다르다고 기사에게 말한다. 사막은 어디나 똑같고 이정표를 찾기가 어렵다. 그러나 그녀는, 신기루를 본 게 아니라면, 길을 따라 풍력발전기가 늘어서 있었다고 확신했다. 여기는 풍력발전기라고는 하나도 없지 않으냐고 그녀가 묻는다. 기사는 그녀를 진정시키며 차를 멈춰 세운다. 그는 여기가 바로 우리가 찾아온 기념비라고 말한다. 창밖을 내다보니 낡은 십자가 하나가 외로이 서 있다. 십자가 옆 나무판에는 손글씨로 이렇게 적혀 있다. '개들의 무덤'.

    차 안에 묵직한 침묵이 흐른다. 우리는 당혹감을 공유하며 서로를 바라본다. 웃고 싶기도 했고 울고 싶기도 했지만, 참는다. 운전기사가 정치적 처형의 희생자를 위한 기념비와 개의 무덤 사이에 멋대로 무슨 연관을 지었는지는 모르겠지만, 그의 짐작이 틀렸다는 사실만은 분명했다. 우리가 가려고 하는 곳을 다시 한번 설명해 보지만 그는 우리를 의아한 눈으로 쳐다볼 뿐이다. 그는 우리의 말을 알아듣지 못한다. 처음부터 알아듣지 못한 것이다. 그 사람은 그 기념비를 본 적이 없다. 어쩌면 그는 죽음의 카라반도, 마리오도, 다른 스물다섯 명의 처형된 사람들도 전혀 모른다는 생각이 들었다.

✶

마리오의 시신 중 턱 조각이 발견되었다.

    나는 턱은 원하지 않아요, 비올레타가 말했다.

    그들이 온진한 그를 데려갔으니, 온전히 통째로 돌려달란 말입니다.

✶

로마의 심장부 캄포 데 피오리 광장 중앙에는 철학자이자 신학자, 천문학자, 물리학자, 그리고 시인이기도 한 조르다노 브루노의 동상이 있다. 그곳은 인기 있는 장소다. 주변에 작은 시장과 가게들이 있어 매일같이 관광객들이 파스타를 먹고 그 늠름한 동상 옆에서 사진을 찍는다. 조르다노 브루노는 1548년에 나폴리와 인접한 놀라 마을에서 태어났다. 우리의 어머니 별인 태양이, 훗날 조르다노 자신이 관측한 별자리를 지나가던 중이었다. 그는 우리 행성이 태양 주위를 회전하고 있으며 우리 눈에 보이는 하늘의 움직임은 지구의 자전에 의해 생기는 환상이라고 주장한 최초의 인물이었다. 그는 코페르니쿠스의 이론에 따라 우리 행성은 우주의 중심이 아니라고 주장하며 밤하늘의 밝은 별 하나하나가 일종의 다른 태양이고 그 주위를 또 다른 행성들이 돌고 있을 가능성, 그 행성들에 다른 생명체가 존재할 가능성을 제기했다. 우주는 무한하기 때문이다. 그는 인간의 지성에 관해서도 그렇게 생각했다. 정신은 우주의 거울이며 그 잠재력은 무한하다고 말했다. 기억이라는 기예는 여성과 남성 들로 하여금 모든 것을 완벽하게 저장할 수 있게 했고, 그 귀중한 수단을 통해 인간은 한 인간으로서의 자신을 초월해 절대적인 지식의 전달자가 될 것이라고 했다. 당시의 영적·신학적 신념을 뒤흔든 이러한 혁명적 사상 때문에 그는 종교재판소의 박해를 받았다. 체포되어 고문당하고 재판에 넘겨져 유죄를 선고받았다. 신을 모독하고 회개하지 않는 고집불통 이단자로 몰린 조르다노 브루노는 1600년 2월 어느 날 캄포 데 피오리 광장에서 산 채로 장작불에 올라 불태워졌다.

달이 차오르는 중이라 우리가 원하는 만큼 별이 제대로 보이지 않을 수 있다. 게다가 이 시기의 특성을 고려해 볼 때, 오늘 밤 우리를 부른 26개의 별은 느지막이 새벽 4시쯤에야 나타날 것이다. 우리와 동행한 천문학자가 유가족들에게 이를 설명하기로 했다. 그들은 버스 두 대와 밴 여러 대에 나눠 타고 여기 왔다. 조르다노를 기념하는 동상과 달리 알려지지 않은 사막 한구석에 숨어 있는 이곳까지.

마침내 우리는 기념비 주변에 와 있다. 이리저리 사막을 헤매고 다닌 끝에 이곳에 도착했고 준비를 모두 마쳤다. 조명과 음향 장비를 설치했고 나눠 먹을 음식, 밤의 한기를 견디기 위한 커피도 마련해 놓았다. 유가족들은 스물여섯 명의 사진을 가져왔고, 우리는 그 얼굴들을 꽃과 촛불로 빙 둘렀다. 포크송 가수가 오늘을 위해 특별히 만든 노래를 불렀고, 자수 놓는 여성들은 이 사막에 떨어진 희생자의 별들을 그려낸 섬세한 작품을 준비해 왔다. 연설이 이어졌고, 진심 어린 말들이 오갔다. 인사를 전하는 수많은 사람들의 영상 편지도 상영되었다. 예술가, 정치인, 작가, 다양한 시민들. 모든 것이 너무나도 감동적이다. 나는 비밀 요원 같은 시선으로 유가족들을 엿보며, 이 순간이 그들에게 얼마나 중요한지, 특히 조카와 함께 맨 앞줄에 앉아 있는 비올레타 같은 여성 노인들에게 얼마나 소중한지 알아채고는 마음이 뭉클해진다.

이제 천문학자의 차례다. 젊은 청년이다. 마흔도 안 됐을 듯하다. 나는 그를 알지는 못하지만 진작에 멀찍이서 지켜보고 있었다. 사막이 이렇게 추운데도 반바지와 얇은 재킷을 입고 있었기 때문이다. 우리는 모두 찬바람으로부터 몸을 지키느라 파카와 담요를 덮고 있지만 그는 이 정도 기온에는 면역이 된 듯했다. 그는 마이크 앞으로 다가서더니 우리가 세례를 베풀러 찾아온 별들은 좀 더 시간이 지난 후 새벽에 나타날 예정이고, 기대와 달리 레이저 포인터로 그 별들을 가리켜 줄 수는 없을 것이라고 설명한다. 그러나 대신에 그는 우리가 별들을 하나하나 볼 수 있도록 사진을 가져다준다. 그것은 앰네스티의 고유한 그래픽을 넣어 제작한 엽서로 각각의 별 이름, 그리고 그와 짝을 이룬 희생자 이름이 담겨 있다. 기념품으로 가져가 냉장고에 붙이거나 책갈피로 쓰면서, 이날의 만남을 기억하고 싶을 때마다 꺼내 볼 수 있다. 그는 사진 엽서 외에도 조르다노 브루노라는 고대 사상가의 이야기를 우리와 나누고 싶다고 말했다.

반바지 차림의 이 천문학자는 조르다노가 청년 시절에는 도미니크회 수도사였다고 알려준다. 그는 지식을 추구하며 수도원에 들어갔고 그곳에서 신학자가 되었다. 하지만 곧 자신의 사상이 사제들을 불편하게 한다는 사실을 깨달은 조르다노는 성직을 버렸다고 천문학자는 말한다. 그는 종교 문제로 분열된 전쟁 통의 유럽을 순례했고, 그 여정을 통해 자유사상가가 되어갔으며 책을 쓰고 강연을 하는 등 교사로 활동했다. 신앙, 우주의 무한함, 다른 생명체의 존재 가능성, 절대적 지식에 도달하기 위한 도구로써 기억이라는 기예의 사용에 관한 생각은 물론이고 성 삼위일체에 대한 의문, 성직자의 권위를 향한 문제 제기 등 당시에는 전복적이었던 그의 사상이 사람들 사이에 퍼져나갔다. 이러한 상황에 불안해진 교회는 그를 박해하기 시작했다. 제네바의 칼뱅교도들은 그를 체포해 공개적으로 사상을 철회하라고 강요하기도 했다. 그 후 조르다노는 영국과 독일 등지로 방랑 생활을 이어간다. 그런데 베니스에서 그는 자신의 제자로부터 이단자로 고발당했다고 천문학자는 전한다. 종교재판소는 그를 7년간 수감했고 수많은 심문과 고문을 가하는 긴 과정을 거쳐 결국 화형을 선고했다. 반바지 차림의 천문학자에 따르면 조르다노는 종교재판소의 강압에도 불구하고 자기 주장을 철회하지

않았다고 한다. 그리하여 쉰둘의 나이에, 이제는
지칠 대로 지치고 피곤해진 채 그는 사형 집행을
당하러 호송 간수들과 함께 캄포 데 피오리 광장을
향해 출발했다. 광장으로 가는 동안 그는 사형수들의
우스꽝스러운 옷인 삼베니토*를 입고 공개적인 수모를
겪었다. 분노해 소리 지르는 군중의 시선을 견디며
긴 행진을 해야 했다. 마침내 캄포 데 피오리 광장에
도착한 조르다노는 장작더미 한가운데 솟은 기둥에
묶여 마지막 말을 남겼다. 나를 화형시키는 당신들이
화형당하는 나보다 더 두려워하고 있다. 그 말이 끝나자
사형집행인은 그에게 재갈을 물리고 불을 붙였다. 불은
조르다노가 그토록 관찰하기 좋아하던 별처럼 뜨겁게
타올랐다.

  이 부분에 이르자 천문학자는 이야기를 멈춘다.
추위 때문인지도 모르겠다고 생각했다. 꽤 긴 시간을
그렇게 얇게, 반바지만 입고 견디느라 몸이 좀 안
좋아졌을 수도 있겠다고. 하지만 그건 아니었다. 그
젊은 천문학자는 감정에 북받쳐 말을 잇지 못했다. 그는
띄엄띄엄 끊어지는 목소리로 조르다노와 오늘 우리가
기억하는 스물여섯 명 처형된 사람들의 이야기가
완전히 같다고 말했다. 체포, 고문, 심문. 그리고

---

* 중세 스페인의 종교재판 기간에 이단자에게 입혔던 통옷으로, 회개 여부
및 선고된 형벌에 따른 문양이 그려져 있었다.

종교재판소의 판결과, 자격도 없는 칠레 군사재판소의 판결. 존재한 적도 없던 갈등의 환상을 빌미 삼아 저지른 패러디 같은 사건이었다. 전투복을 입고 대검과 기관총을 사용한 무장 군인의 폭력, 그것을 정당화한 추방형·종신형·사형 선고, 그 광기 어린 형벌, 그것을 선고한 재판소의 우스꽝스러운 의식, 시늉에 불과한 재판 과정, 이전 정부에 동조했다는 것이 국가에 대한 반역이라며 제기한 터무니없는 혐의. 젊은 천문학자는 반역죄와 이단을 둘러싸고 벌어진 일들이 매우 유사하다고 말한다. 모든 것은 다른 생각에서 비롯됐다. 다르게 생각했다는 이유로 죽은 것이다.

  잠시 그 젊은 천문학자는 길을 잃은 듯했다. 확실히 말을 잇는 게 힘들어 보였다. 아래를 내려다보다가 한 걸음 뒤로 물러섰다가 다시 한 걸음 앞으로 나온다. 마이크를 내려놓더니 다시 집어 든다. 그는 일관된 행동을 하지 못했고, 할 수 있는 최선은 울음을 터뜨리는 것뿐이었다. 조르다노를 위해 울었다. 마리오를 위해 울었다. 우리의 26개 별을 위해 울었다. 우리 모두는 침묵 속에서 그를 쳐다보았다. 그의 그런 반응은 예상하지 못했다. 그의 눈물은 오래되고 친숙한 슬픔을 전염시켰고, 우리는 문득 자신도 모르는 사이에 그와 함께 울고 있었다. 우리 몸 어딘가에 닻을 내렸던 슬픔이 풀려나왔다. 그것은 우리가 인식하는 공통된 감정, 우리가 하나로 연결되어 있다는 감정, 우리는 다른 물고기와 꼬리가 묶인 물고기일 뿐임을 납득하게 만드는 보이지 않는 유대감이었다. 우리를 묶는 밧줄이 우리를 지키는 부적이다. 우리는 길을 잃지 않기 위해, 우리가 속한 무리를 결코 잊지 않기 위해 그것을 지니고 다닌다.

우리는 이 시공간의 괄호 안에서 하나가 되어 한동안 머물렀다. 사막 한가운데 길을 잃고 서 있는 기념비 옆에서 서로 얽혀 흐느꼈다. 지도도 없이 어둠 속에서. 의식이 멈추고, 대본이 멈추고, 마이크도 꺼졌다. 우리는 울어야 했기 때문이다. 아마도 그것이 우리가 여기 온 이유일 것이다.

아내들, 누이들, 며느리들, 딸들, 그 모든 여성들 사이에서 비올레타가 일어서서 젊은 천문학자를 향해 걸어간다. 지쳐버린 비올레타, 바로 그녀가 그를 안아주기 위해 다가간다. 그녀는 위로의 전문가, 그의 귓가에 속삭이는 그녀의 말이 마치 모두에게 들리는 듯했다. 그가 고개를 끄덕인다. 그는 그녀를 바라보며 고개를 끄덕이고, 그녀는 주름진 할머니의 손으로 그의 눈물을 닦아준다. 사막을 샅샅이 더듬었던 바로 그 손으로. 청년은 그녀의 아들일 수도 손자일 수도 있다. 그는 사망 당시의 마리오보다 고작 몇 살 많을 뿐이다. 두 사람은 긴 포옹으로 얽혀 있고, 우리는 말없이 지켜본다.

　꼬리가 서로 묶인 두 물고기를.

　우리 위에는 초승달이 떠 있고 별 몇 개가 반짝인다. 나는 여기에서, 저 멀리 과거에 존재한 백열의 태양들을 본다. 그 주위를 공전하는 다른 행성들을 생각한다. 조르다노가 말한 또 다른 삶들을 생각한다. 그중 어느 삶에서는 마리오와 비올레타가 개로 가득한 집에서 함께 늙어가고 있을지도 모른다. 어느 삶에서는 다른 여자가 또 다른 반바지 차림 청년을 껴안고 있을 수도 있다. 어느 삶에서는 한 남자가 광장 한가운데서 불붙어 타오르고, 한 무리의 사람들이 사막에 모여 그를 위해 울 것이다. 그리고 누군가는 하늘을 바라볼 것이다. 별들을 쳐다보며 그것이 불꽃, 우주의 모닥불, 끈질긴 기억의 기념비처럼 밤의 한가운데 세운 천상의 동상이라고 생각할 것이다.

※

믿기지가 않아요, 비올레타가 밀한나.
사람들은 나에게 믿지 말라고 하더군요.
바다에 내던졌다고 말하는 사람들도 있어요.
자루에 집어넣어 던졌다고요.
묶어서 트럭에 실어 갔다고 했어요.
나는 정말로 바다에 내던졌을까 싶어요.

정말로 물속에서 끝난 것인지.

함
—
니
아

셀크남족⊕의 언어로 '한 크윈 사익크'는 '떠나간 사람들'이라는 뜻이다. 이 표현은 장례식에서 불린 애가哀歌에서 죽은 자의 이름을 대신해 사용되었다. 그 이름이 직접 언급되어서는 안 되었기 때문이다. 셀크남의 옛 노래는 그들에 대해 이렇게 부른다. 나는 떠나간 사람들의 발자취 위에 서 있다네. 내가 떠나간 사람들로부터 온 존재라고 믿네. 이제 더 이상 여기 없는, 가버린 그들로부터 온 사람. 그래서 함-니아, 서쪽 하늘 향해 노래하나이다.

⊕

어머니가 말씀하신 작은 사람들, 거울에 빛을 반사시켜

⊕ 남아메리카 대륙의 최남단인 아르헨티나와 칠레 남부 파타고니아 티에라델푸에고섬에 거주한 원주민으로 19세기 후반 이 지역으로 이주한 유럽인들에 의해 학살당했다. 20세기 중반 절멸한 것으로 알려졌고 언어도 사라졌다.

암호 메시지를 보내는 사람들은 바로 그들이다. 서쪽 하늘에 사는 사람들. 더 이상 여기 없는 사람들. 떠나간 사람들.

양
자
리

1988년 10월 5일, 어머니와 할머니는 투표하러 가기
위해 아침 일찍 일어났다. 그날은 오랫동안 기다려 온
국민투표일이었다. 아우구스토 피노체트가 집권을
지속할지 아니면 대통령 선거를 실시할지 결정되는
날이었다. 군부가 제정한 헌법, 그때 이래 국가를
통치해 왔고 지금까지도 통치하고 있는 헌법은
국민투표에서 두 가지 선택지만 제시하도록 규정했다.
'찬성'과 '반대'. 만약 군이 추천한 후보 승인을 의미하는
'찬성'이 승리하면 피노체트는 공화국의 대통령직을 8년
더 맡게 된다. 그 이후 상·하원의원 선거가 실시되고,
국회가 구성될 때까지 군사 정권이 계속 입법 기능을
수행하게 된다. '반대'가 승리해 군 추천 후보가
승인되지 않으면 피노체트의 대통령 임기와 군사
정권의 권한은 1년 후 만료된다. 그리고 그 전에 반드시
대통령 및 국회의원 선거가 실시되어야 했다.

어떤 이유에서인지 어머니와 할머니는 독재 정권이 최악으로 치닫는 와중에도 그 국민투표가 정당하게 치러질 것이라고 믿었다. 그들은 투표로 십수 년간의 공포를 종식시킬 만한 여건이 갖춰졌다고 확신했다. 그들뿐 아니라 칠레 사람 대다수가 그렇게 믿었다. 이번 국민투표를 위해 선거인명부가 공개되고 정당이 다시 합법화되었다. '반대'편의 야당 연합이 조직되었고, 17개 정당이 국민들에게 투표를 독려했다. 처음으로 양측의 정치적 입장을 다루는 텔레비전 프로그램이 방송되었고 세계 유력 인사들이 '반대'를 지지하는 모습을 볼 수 있었다. 스팅, 제인 폰다, 슈퍼맨 그 자체인 크리스토퍼 리브가 각 가정의 한가운데, 텔레비전 화면에 나와 말했다. 우리가 할 수 있고 해낼 것이라고. 우리는 혼자가 아니라고. 군사 정권이 스스로 내준 이 믿기 힘든 탈출 기회를 함께 지키기 위해 전 세계의 눈이 쏠려 있다고. 그리고 전날 밤 일어난 불길한 정전 사고와 국민투표가 취소된다는 소문 때문에 촛불과 찻잔을 든 채 몇 시간이나 복도를 서성이고, 엄청난 불안감에 떨며 잠도 제대로 못 잤음에도 불구하고 아침 8시에 어머니와 할머니는 투표하러 갈 준비가 되었다.

할머니는 마치 중요한 행사에 참석하는 것처럼 옷을 갖춰 입었다. 옷장에서 생일날 입던 파란색 리넨 드레스와 아직 좀먹지 않은 모직 코트를 골랐다. 그날의 의상에서 가장 의미심장했던 점은 허리에서 앞치마를 푼 것이었다. 이는 그 아침의 중요성을 상징하는 듯했다. 그렇게 차려입은 할머니를 본 것은 손에 꼽을 정도다. 그녀는 여든, 내 어머니가 곧 맞게 될 나이였다. 다리가 불편해 걷기도 힘들었다. 하지만 아픈 다리는 그녀가 국립 경기장에 가는 것을 막지 못했다. 14번 테이블 앞에 줄을 서고, 다른 여성들과 이야기를 나누며 기다리고, 신분증을 제시하고 서명해야 할 곳에 전부 서명한 다음 기표소에 들어가는 것을, 비밀 투표용지에 기표하는 것을 막지 못했다. 10월의 그날도 할머니는 그렇게 했다. '반대'.

나는 열일곱 살이었다. 너무나 투표하고 싶었지만 할 수 없었다. 그날 아침 나는 두 분이 나가는 모습을 보며, 이전에 어머니와 할머니가 투표했던 때를 떠올렸다. 꽤 오래전인 1980년이었다. 당시 군사 독재 정권은 새로 작성한 헌법을 비준하기 위해 국민투표를 실시했다. 군사 쿠데타로 수립된 정권은 기존 헌법의 효력을 중단시키고 제도적 틀을 처음부터 다시 마련하려고 했다. 이를 위해 새 헌법 초안을 작성할 위원회가 구성되었다. 수년간의 작업 끝에 1980년 9월 11일 헌법안이 국민투표에 부쳐졌다. 그날도 내 어머니와 할머니는 옷을 갖춰 입고 투표하러 일찍 집을 나섰다.

8년이 지난 지금과 달리 그때는 기대가 없었다. 나는

그들이 모든 면에 화를 내고 불평했던 게 기억난다. 선거인명부도 없었고, 정당 합법화 근거도 없었으며, 반대 세력은 탄압받았고, 텔레비전과 라디오 토론 프로그램에 정권과 다른 의견을 가진 사람들을 위한 자리는 당연히 없었다. 투표를 마친 사람은 신분증에 붙인 스티커와 엄지손가락에 묻은 잉크로 구분했다. 그렇게만 관리하니, 누구든 스티커를 떼고 손가락을 깨끗이 닦으면 몇 번이고 원하는 만큼 투표할 수 있었다. 집에 돌아온 어머니와 할머니는 투표 과정이 엉터리라며 비웃었다. 군사 정권이 국제사회의 불안해하는 시선을 무마하기 위해 벌인 또 하나의 조작극이라고 그들은 말했다.

  1980년 헌법은 압도적인 찬성으로 통과되었다. 최종 개표 결과가 발표되는 텔레비전 방송을 보며 어머니와 할머니는 또 웃었다. 그것은 조악한 사기에 불과하다고, 위법성이 너무나도 노골적이라 헛웃음 치는 것밖에는 할 수 있는 일이 없다고 했다. 1988년의 국민투표는 바로 그 헌법에 따라 치러졌다. 그것은 독재 정권이 민주주의로의 이행을 위해 설계한 계획의 중요한 이정표였다.ᛏ 투표권이 있는 나이의 내 친구

ᛏ 당시의 헌법은 2025년 현재까지도 유효하다. 2020년 10월 실시된 국민투표에서 새 헌법 제정에 찬성하는 비율이 80퍼센트에 육박했고, 이에 따라 제헌의회가 구성되어 헌법안이 작성되었지만 2022~2023년 두 차례에 걸친 국민투표에서 채택이 부결되었다.

몇몇은 투표하지 않기로 마음먹었다. 독재의 법으로 민주주의로의 행보를 상상하는 것은 기만이라고 생각했기 때문이다. 그들은 독재 정권은 군부에 불리한 결과가 나오면 절대 따르지 않을 것이라며 순진함을 비웃었다. 만일 그 결과를 따른다면, 정말로 선거라는 선택을 받아들인다면 합법적인 민주주의 체제의 허울은 갖춰지겠지만 독재의 정신은 여전히 지속될 것이고, 그 사이의 차이는 더욱 심화할 것이라고 했다. 그렇게 후기 독재 시대가 올 것이라고 그들은 예측했다. 하지만 어떤 친구들은 이번 기회를 잘 활용해야 한다고 주장했다. 이전 세대 민주주의자들은 우리보다 이 상황을 더 잘 이해하고 있기 때문에 군사 정권이 제시한 국민투표 옵션을 받아들였을 것이라고 말했다. 그러니 우리는 그 선택을 믿고 방해꾼이 되지 말아야 한다, 민주주의자들이 행동할 수 있도록 문제를 일으키지 말아야 한다는 것이었다. 열일곱 살의 내게는 선택의 여지가 없었다. 투표권 자체가 없었다. 지나고 보니 그 점은 내게 죄책감을 덜 좋은 핑곗거리가 되어주었지만, 그렇다고 아예 마음이 홀가분했던 것은 아니다.

그 투표가 진행된 지 30년이 지난 오늘, 내 아들은 10월 5일 기념식에서 역사를 성찰하는 내용의 연설을 해달라는 요청을 학생회와 역사 분과로부터 받았다. 내 아들은 칠레 역사 공부에 열정을 쏟고 있고, 역사 교사들도 이에 감탄해 마지않는다. 아들은 그 어려운 과제를 기꺼이 받아들인다. 그는 열일곱 살로, 내가 투표하지 못했던 그때와 같은 나이다.

♈

양자리는 황도대의 첫 별자리이며 86개의 별로 이루어져 있다. 가장 밝은 것은 태양보다 열다섯 배 큰 황색거성 하말로 그 주위를 행성 하나가 공전한다. 상상력을 발휘하면 그 86개의 별이 하늘에 그려내는 숫양의 윤곽이 보인다. 그리스 신화에서 이 숫양은 그저 평범한 존재가 아니다. 그는 몸에서 빛을 발하는 '황금 양털'이란 양이다.

 프릭소스와 헬레는 아타마스 왕의 어린 자녀였다. 이야기의 판본에 따라 그들의 나이는 열두 살로도, 혹은 열다섯 살이나 열일곱 살로도 전해진다. 어쨌든 아직 어린 그들의 삶은 위험에 처해 있었다. 아타마스 왕의 두 번째 아내이자 그들의 새어머니인 이노가 질투심이 많고 권모술수에 능했기 때문이다. 그리스 신화에서는 대다수의 여성이 그렇게 묘사되는데, 오늘날 보기에는 수상쩍고 어리석은 생각이다. 그녀는 의붓자식들을 미워해 끊임없이 그들을 제거할 음모를 꾸몄다. 신들의 왕 제우스는 아이들의 생명이 위태롭다는 것을 알고 그들이 탈출할 수 있도록 돕기로 결심했다. 제우스는 전설적인 숫양 황금 양털을 그들에게 보냈다. 그는 이성과 언어 능력을 갖췄고, 황금색 털이 빛을 발해 먼 거리에서도 알아볼 수 있었다. 또한 땅은 물론 하늘로도 이동할 수 있었다. 계모의 음모와 계략에 쫓기던 어린 남매는 목숨을 지키기 위해 이 신비로운 동물의 등에 올라 길을 떠났다. 그러나 바다 위를 날아가던 중 헬레가 오빠의 허리를 잡았던 손을 놓쳐 떨어졌다. 프릭소스는 여동생을 구하지 못했고 헬레는 물속으로 영원히 사라졌다. 소년은 여동생의 죽음에 상심한 채 흑해의 콜키스 땅까지 갔다. 그리고 안전하게 도착하자 제우스에게 감사를 표하는 의미로 황금 양털을 제물로 바쳤다. 제우스는 어린 남매를 구한 이 빛나는 숫양을 기리기 위해 하늘로 올려보냈고, 별자리로 만들었다.

나는 점성술 설명서에서 양자리에 관한 정보를 찾아본다. 내가 찾아낸 것은 열정적이고 충동적이며, 활기와 열의가 넘쳐 현재를 바꾸고 주변에 새로운 에너지를 불어넣을 수 있는 사람들이다. 그들에게는 우리의 삶이 한계를 뛰어넘어 진보하고 발전할 수 있도록 다른 사람들을 설득하는 능력이 있다. 빛을 밝히고 변화를 이루는 불이 그들의 원소다. 그들은 미래의 장인, 길을 닦는 자, 새로운 시작을 그리는 자다. 황도대의 첫 별자리이기에 그 에너지는 유년기의 기운과 연관되어 있다는 문장으로 설명이 끝난다.

2001년 4월의 어느 날 오후, 우리의 어머니 별인 태양이 양자리를 통과할 때, 아마도 숫양의 왼쪽 뿔, 반짝이는 꼬리 끝, 또는 빛나는 황금색 털의 일부를 스쳤을 때, 내 아들이 세상에 왔다. 물론 그는 그 순간을 하나도 기억하지 못한다. 아들에게는 오직 나의 이야기, 자기 아버지의 이야기, 그리고 그날 그를 기다렸던 사람들의 이야기만 남아 있다. 나의 어머니, 시댁 식구들, 이모들, 친구들, 그리고 두 조카들의 이야기. 그가 세상에 고개를 내밀고 첫 함성을 지르자 대기실에서는 화답하듯 샴페인 터지는 소리가 울렸다. 꿈에서 그랬던 것처럼 아들의 도착은 여러 사람의 축배로 환영받았다, 다들 그가 최고의 삶을 살기를 기원했다.

♈

10월 5일과 '반대 투표'에 대해 이야기하려면 많은 것을 이야기해야 합니다. 많다 못해 너무 많은 것에 대해서요. 독재 시절에 무슨 일이 일어났는지 말하지 않고는 불가능한 이야기지요. 그리고 그 이전 인민연합♈ 정권하에서 일어난 일, 체제 이행기에 얻은 것과 잃은 것,

---

♈ 피노체트의 군사 독재 직전 집권한 살바도르 아옌데 대통령이 속했던 사회당 등 6개 좌파 정당 연합이다. 1969년에 결성되었고 피노체트 정권하에서 활동이 전면 금지되었다.

지금의 민주주의하에서 우리 부모님과 조부모님이 이룬 성취, 지금의 민주주의하에서 우리 부모님과 조부모님이 처한 실패, 그 모든 것을 말해야 합니다.

우리는 그들에게 너무 많은 빚을 졌고 그들도 우리에게 너무 많은 빚을 지고 있습니다.

♈

하이메 구스만은 아우구스토 피노체트의 중요한 협력자였다. 피노체트 정권 초기 젊은 변호사였던 그는 정권을 옹호하고 대변하는 역할을 하며 주요 이데올로그♈ 중 한 명으로 부상했다. 그는 공직을 맡지는 않았으나 늘 군사 정권의 고문이자 조언자로 활동했다. 새 헌법 초안 작성을 위한 준비위원회에도 가장 먼저 내정되었다. 1980년 나의 할머니와 어머니가 아침 일찍 옷을 갖춰 입고 화를 내며 찬반 투표를 하러 갔던 바로 그 헌법안 말이다. 이 위원회에서 젊은 구스만은 자신의 보수적인 세계관을 법문을 통해 표현하며 일종의 정신적 아버지 역할을 했다. 언론의 자유와 집회의 권리에 대한 두려움, 임신중지와 이혼에 대한 반감, 다양한 성적 지향에 대한 거부, 인권에 대한 상대적 해석, 전통적인 가족 개념을 서구 사회의 보루로

♈ 특정한 계급적 입장이나 당파를 대표하는 이론적 지도자를 뜻한다.

내세워 옹호, 사유 재산과 기업 활동 그리고 자본주의에 대한 극단적 보호 등 그의 생각이 우리나라 법체계의 정신이자 삶의 방식이 되었다.

그가 텔레비전에 나올 때마다 어머니와 할머니는 화면을 향해 욕설을 퍼부었다. 식사 중이든 손님이 있든 상관없이 비속어가 오갔고 가끔은 할머니의 손을 떠난 행주가 텔레비전 쪽으로 격렬하게 날아가기도 했다. 그는 이상하게 생겼고, 말투는 지나치게 올발랐다. 그러나 아무리 그에게서 기이한 느낌을 받았다고 한들 어린 내게 어머니와 할머니의 그 분노 가득한 적대감이 다 이해되지는 않았다.

구스만은 칠레 독재 정권의 핵심 지식인이었다. 그는 독재를 옹호하는 논리를 마련했으며 이를 정치적으로 투영하는 장기 전략을 정교하게 수립했다. 군의 개입이 일시적이고 제한적인 수준에 그치지 않도록, 군부가 권력을 유지하도록 촉구했다. 그는 인권 침해 사안들에 대해, 17년 동안 칠레가 처한 긴급 상황에서 불가피했던 예외적이고 일시적인 조치였다고 해명하며 정당화했다. 국가 프로젝트의 성공은 정권의 강한 의지와 단호함에 달려 있기 때문에 독재는 부드러운 통치가 될 수 없다고 주장했다. 이런 입장을 뒷받침하기 위해 그는 인권 침해의 책임을 이전 정권에 전가하는 논리를 만들었다. 구스만은 살바도르 아옌데 정권하에 일어날 수도 있었던 내전 가능성을 언급하며, 따라서 1973년 군사 쿠데타 이전에 이미 민주주의가 붕괴되었다고 선언했다. 그런 논리에 따라 아옌데 정권에 내란의 책임이 있고 군부의 행위는 아옌데 정권이 국가를 마르크스주의와 전체주의로 이끌어 간 것에 대한 대응이었을 뿐이라고 했다. 전쟁의 환상 속에서, 결코 존재하지 않았던 전투를 가정한 망상 속에서 군사 법원, 추방, 처형, 고문, 유배, 종신형, 심문, 실종 등이 정당화될 수 있는 듯했다. 이 거짓 내전 논리를 내세워 구스만 그리고 그가 창당한 정당은 문민-군사 정권[T]에 참여하거나 무조건적으로 지지하는 것이 곧 민주주의라고 설명했다.

어릴 때 나는 할머니와 어머니가 그를 개인적으로 알고 있다고 생각했다. 그는 그들에게 끔찍한 잘못을 저지른 먼 친척 또는 옛 이웃인지도 몰랐다. 그들이 텔레비전 화면을 향해 그 정도의 증오를 퍼부을 만한 나쁜 짓을 했을 거라고 믿었다. 세월이 흐르며 내 짐작이 크게 틀리지는 않았음을 알게 되었다. 할머니와 어머니가 직접 만난 적도 없는 구스만이 그들의 삶뿐

[T] 피노체트 독재 정권 종식 후 수립된 문민 정부의 초대 대통령 파트리시오 아일윈은 '동의와 합의에 기반한 이행'이라는 명분으로 과도적 체제의 성격을 표명했다. 아일윈 및 이후 정권의 과거 청산 시도는 피노체트 정권 때 구축된 군부의 인적, 제도적, 정치적 방어막에 가로막혀 한계가 뚜렷했다.

아니라 나를 포함한 이 나라 사람들 모두의 삶, 내
아들의 삶에까지 개입했다는 것을 깨달았다. 얼마나
근본적인 개입이었는지, 나는 그 의미를 이해한 후
가족의 의식에 가담하게 되었다. 나는 텔레비전 화면을
향해 소리 지르며 행주를 던져댔다, 내가 졸업한 대학
정문 앞에서 구스만이 살해되던 날까지.

그가 정권의 장기 집권을 위해 고안해 낸 수단 중
핵심은 오늘날까지도 국가를 통치하고 있는 1980년
헌법이었다. 그것은 모든 변화를 제한하고, 출구를
봉쇄하고, 어떤 탈출 시도도 막는 것을 목표로 만들어진
규칙들의 경호를 받는 헌법이다. 이미 말했던 것처럼,
이 헌법에는 우리가 겪은 민주주의로의 이행 과정이
규정되어 있었다. 10월 5일에 실시된 국민투표와
그에 따른 대통령 및 국회의원 선거 후에도 독재자
아우구스토 피노체트는 군 총사령관직을 유지하다가
종신 상원의원직을 보장받는 내용이 포함되었다.ㅜ

이런 역사의 흐름을 인식하고 있고, 구스만이 등장한

ㅜ 피노체트는 대통령 선거에서 파트리시오 아일윈 후보가 당선되자
1990년 3월 퇴진했지만, 헌법 규정에 따라 1998년까지 군 총사령관을
지냈고 그 이후에는 면책 특권이 있는 종신 상원의원 신분이 됐다.
하지만 그는 1998년 10월 영국에 머물다가 현지 경찰에 의해
체포되었다. 스페인 사법 당국이 피노체트 정권하에서 스페인인이
살해된 것과 관련해 발부한 영장 때문이었다. 503일의 가택 연금 끝에
칠레로 돌아온 후에야 그의 면책 특권이 박탈되었고 납치 및 살인
혐의로 기소되었으나 2002년 대법원은 "치유가 불가능한 치매"를
이유로 기소중지를 결정했다. 그는 그제야 상원의원직에서 사퇴했다.

텔레비전 화면을 향한 가족 의식의 계승자이기도 한 내 아들은 10월 5일 기념식을 위한 연설문을 이렇게 작성해 학생회 친구들에게 공유했다.

♈

독재 기간 동안 칠레인들은 정권과 생각이 다르면 자신의 견해를 표현할 수 없었습니다. 독재 기간 동안 사람들은 정권이 승인하지 않은 성적 지향은 공개적으로 표현할 수 없었습니다. 독재 기간 동안 사람들은 민중가요를 듣거나 반정부 잡지를 사는 것도 두려워했습니다. 그 시절에 수천 명의 칠레인이 단지 생각이 다르다는 이유로 살해되고 고문당하고 고통을 겪었습니다.

♈

이 연설문은 학생회의 공동 작업이 되었다. 그들은 다음 날 석상에서의 낭독 때 내용을 더 잘 전달하기 위해 몇 가지 개선할 점을 같이 논의하고 일부 구조 변경에 합의했다. 내 아들(이하 D로 칭한다)은 친구들의 조언에 만족했고, 평소대로 학교생활을 했다. 필기, 시험, 쉬는 시간과 간식. 또 더 많은 필기와 시험, 더 긴 쉬는 시간과 간식. 분주한 일과가 이어지는 가운데 갑자기 수업이 중단되었다. 역사 교사 한 명(이하 A로 칭한다)이 교실에 들어와 D와 개인적으로 대화하겠다며 허락을 구하고 그를 안뜰 통로 구석으로 데려갔다.

이 무인 지대 한가운데 벤치에 앉아 A는 D에게 10월 5일 기념식 연설문을 써준 데 대한 감사 인사를 전했다. 또 시간이 부족해 세세히 읽지 못했다며 미안해했다. 가르치는 일은 몹시 까다롭고 항상 시간이 부족하다고 그녀는 말했다. 그런데 사과를 마친 그녀는 갑자기 세 부분을 특정해 다음 날 공개적으로 낭독하기 전 삭제하거나 재고해 달라고 요청했다.

선생님의 말에 귀 기울이던 D는 그런 요청에 놀랐다. 앞에서 이야기한 대로 그는 이미 좀 전에 친구들과 논의해 연설이 학생회를 대표하는 목소리가 되도록 필요한 수정 사항을 함께 정리했다. 교사들과도 조율을 해야 한다는 것은 몰랐다. 게다가 A는 시간이 부족해서 세세히 읽지 못했다면서 어떻게 특정 내용을 삭제해 달라고 할 수 있는 걸까?

A는 요구를 굽히지 않았다. 이 행사는 역사 분과에서 주최하는 것이니 그 자리에서 낭독되는 내용은 교사 모두를 대표해야 한다고 했다. 그 주제에 대한 학생과 교사 들의 견해가 서로 달라서는 안 된다고도 했다. D에게는 이 말이 이상하게 여겨졌다. 학생과 교사가 모든 것, 다는 아니더라도 거의 모든 것에 대해 다른 관점을 가지는 것은 자연스럽고 건강한 일, 역사적 규칙과도 같은 당연한 일이라고 생각했기 때문이다.

더구나 학생들은 교사가 낭독할 연설문을 미리 받아보지 못했다. 어른들이 젊은이들의 생각에 대해 의견을 낼 거라면, 선생님들도 학생들에게서 의견을 들어야 공평했다.

그 통로 회의에 또 다른 역사 교사(이하 B로 칭한다)가 합류했다. B는 대화에 끼어들어 자신도 연설문을 알고 있으며 A의 의견에 전적으로 동의한다고 밝혔다. A가 지적한 세 부분으로 인해 전체 연설문이 공격적이고 폭력적으로 보이며 이 글에서 논하는 독재 정권과 동일하게도 편향되고 편협한 논리의 함정에 빠졌다고 했다. 역사 교사들은 민주주의 도래를 기념하는 행사이니 누구도 위화감을 느끼지 않아야 하며, 따라서 그의 연설은 포용 정신에 부합해야 한다고 말했다.

D는 삭제와 재고 요청을 받은 그 공격적이고 폭력적이며 편협한 세 부분이 적절하다는 것을 입증하고 싶었다. 그러나 하나씩 변호하는 족족 관용을 실천할 때라는 역사 교사들의 반박에 부딪혔다. 결국 D는 자신의 연설문을 검토해 다음 날 새로운 안을 가져와야 하는지 고민하기 시작했다. A와 B는 분명히 강조했다, 그의 연설과 관련해 제기된 질문과 논의는 모두 다 그저 제안으로 받아들이라고.

♈

내 노트북은 켜진 채 열려 있었고, 어머니는 내가 하이메 구스만에 대해 쓴 글을 읽고 있다. 그녀는 그가 텔레비전에 나올 때마다 정말로 자신이 소리를 질렀는지 묻는다. 어머니는 그 인물에 대한 불쾌감과 여전히 간직한 분노는 기억하지만, 그때의 텔레비전 토론이나 자신이 화면에 행주를 던진 일은 기억하지 못한다. 나는 내 기억 속에 남아 있는 단편들을 모아 하나의 시퀀스로 짜맞추려고 애쓴다. 그녀에게 익숙한 기억에 닿으려고 세부적인 것들을 열거해 드린다.

매일 식사했던 부엌, 꽃무늬 비닐 식탁보가 깔린 테이블, 찻잔들, 아마도 오후의 다과 모임이나 저녁 식사를 위해 준비된 접시와 요리 들. 시력이 안 좋은 할머니가 텔레비전 가까이에 끌어다 놓았던 의자. 화면이 흔들릴 때마다 한 번씩 안테나를 움직여 주어야 했던 낡은 흑백 텔레비전. 어느 날 밤, 아마 8시 뉴스였을 텐데 화면에 구스만의 인터뷰가 나왔다. 그날의 주제에 관한 몇 마디, 그리고 이어진 기자의 질문, 그러자 그다음 구스만의 답변을 덮치며 욕설이 홍수처럼 터져나갔다. 그리고 최후를 장식한 것은 텔레비전 화면을 겨냥한 현란한 행주 투척이었다.

어머니는 그 이야기를 듣고 웃는다. 표정이 밝아지며 틀림없이 그랬을 거라고 말한다. 그러나 기억은 하지 못한다. 어머니는 정말로 기억하지 못한다.

잠시 나는 내가 한 이야기가 실제로 있었던 일인지 아니면 내 상상력이 지어낸 허구인지 의심이 들었다. 어머니의 놀라는 모습을 보며, 내 상상일지도 모른다고 생각한다. 나는 머릿속을 빠르게 훑고 정신의 스냅사진들을 뒤지며 점검해 본다. 그러면서 나는 말로 옮기기 힘든 무언가의 존재를 확인한다. 진짜 기억과 기억의 함정을 구별해 주는 어떤 육감, 본능적인 레이더의 존재를. 내가 틀렸을 수도 있다. 그러나 나는 이 기억이 맞다고 믿어본다. 그것은 여러 해 동안 계속된 의식이었다. 여러 번 반복된 일이고 이제는 내 역사의 한 조각이자 나 자신의 한 조각이기도 하다. 그 의식을 모르게 되는 것은 내 손, 내 귀, 내 배꼽을 모르게 되는 것과 다를 바 없다.

1991년 4월, 우리의 어머니 별인 태양이 양자리의 어딘가를 통과하는 동안 하이메 구스만이 살해되었다. 점성술의 언어로 말하면 그의 죽음은 숫양의 기운, 즉 삶이 진보하고 발전할 수 있도록 한계를 깨는 것을 두려워하지 않는 불같은 힘과 열정의 영향하에 일어난 사건이라고 할 수 있다. 그 일이 벌어진 것은 어느 날 오후였다. 구스만은 대학에서 강의를 마치고 출발하는 중이었다. 당시 그는 이 공화국의 상원의원이었다. 이제 막 개막한 민주주의 시대, 다시 말해 내 친구들이 예측한 후기 독재 시대 초기에도 여전히 핵심적인 이데올로그였다. 구스만이 작성한 헌법은 그 자신을 비롯한 수많은 피노체트 부역자들이 국회의원이 되도록 보장해 주었다. 그리고 바로 그 역할 때문에 그가 탄 차는 그해 4월 어느 오후 대학 정문에서 치밀한 작전에 의한 총격을 받았다. 운전기사는 구스만을 그가 설립한 정당 본부로 데려갔다가, 응급 치료를 받도록 병원으로 옮겼다.

   충격 사건이 일어난 직후 나는 친구와 함께 그 학교에서 나오던 중이었다. 정문 앞이 소란했다. 총성, 달아나는 차, 비명을 지르며 달리는 사람들, 바닥에 흩어진 유리 조각, 현장에 도착한 경찰 몇 명. 무슨 일인가 벌어졌다. 상황은 혼란스러웠고 아무도 경위를 제대로 설명하지 못했다. 어쩌면 아무도 무슨 일인지 정확히 이해하지 못했거나, 이해했더라도 아직 믿지 못했을 것이다. 우리는 테러가 낯설지 않았고 총소리에 그렇게 민감하지 않았다. 어쨌든 우리는 총격전 속에서 성장한 세대였다. 아마도 그 때문에 친구도 나도 그 혼란 앞에서 큰 타격을 받지는 않았던 것 같다. 나는 그때를 더 자세히 떠올려 보려고 노력하지만, 기억이 나지 않는다. 우리는 내 집에서 하기로 한 연극 연습에 늦어 시간을 낭비할 겨를이 없었다. 그래서 걸음을 재촉했고, 버스를 타고 그곳을 빠져나가기로 했다.

나중에 알게 될 거라고, 무슨 일이 있었는지 다음 날이면 보도가 될 거라고 생각했을 것이다. 30분 후 집에 도착했을 때, 어머니와 할머니는 흑백 텔레비전 앞에서 뉴스를 보고 있었다. 하이메 구스만은 군 병원에서 생사가 걸린 수술을 받는 중이었다. 병원에는 그의 가족과 동료 당원들은 물론, 심지어 아우구스토 피노체트까지 가 있었다. 어머니와 할머니가 조용히 지켜보는 화면 속으로 그들이 가로질러 갔다. 그때는 욕설이 없었다. 행주도 날아가지 않았다. 어쩌면 우리 얼굴에는 눈에 띌 듯 말 듯한 미소가 어렸을 것이다. 수줍지만 잔인할 정도로 솔직한 표정. 어쩌면 아닐 수도 있다. 어쩌면 내가 상상한 것인지도 모른다. 어쨌든 우리는 다가올 일을 직감하고 있었다. 몇 시간 후, 예의 그 낡은 텔레비전 화면에서 구스만의 사망 소식이 전해졌다. 그날 오후로 우리의 의식은 끝났다.

내가 불러낸 이 장면들 중 일부는 어머니의 뇌 속 괄호 안에 숨어 있다. 아마도 어머니가 기절했을 때 모든 것이 빠져드는 바로 그곳에 말이다. 그녀가 잃어버린 그 모든 순간들은 영영 암전 속으로 사라지기 전 다정한 목소리들의 합창에 의해 이야기로 재구성된다. 당신은 벽에 기대더니, 머리를 짚고는, 토하면서, 바닥에 주저앉았고, 눈을 감으며, 쓰러졌어요. 괄호 안에는 수십 년간 쌓인 너무나 많은 자료가 있다,

아마 다 정리해 내기는 어려울 것이다. 내가 전한 구스만 사건의 기억을 그녀는 더 이상 찾을 수 없다. 이제 그 장면들은 내 기억 속, 내가 말하고 쓰는 이 이야기 속에서만 살아 있다.

  나는 어머니가 뇌 신경 검사를 받을 때 본 그 전기 자극의 풍경을 떠올린다. 그녀의 기억이 배열된 별자리들을. 나는 어머니 뇌 속 괄호가 우주에 존재하는 블랙홀 같다고 생각해 본다. 숨어버린 정보로 가득한 컴컴하고 불가사의한 공간. 그곳에 대해 나는 거의 알지 못한다. 거대한 별은 핵연료를 모두 소모하면 바깥을 향해 폭발하는 대신 상상할 수 없을 정도로 작은, 밀도가 무한한 지점으로 압축된다. 그 지점에 '사건의 지평선'이 있다. 외부와의 사이에 존재하는 일종의 경계 지대다. 중력이 너무 강해 빛마저 빠져나가지 못하게 끌어당기는 곳. 빛보다 빠른 것은 없기에 이는 다른 어떤 것도 다 빨려 들어간다는 뜻이다. 그 안에 들어간 무언가가 다시 나오는 것은 불가능하므로, 그곳에 떨어진 것은 영원히 사라지고 만다.

  어머니가 더 이상 기억하지 못하는 삶의 순간들을 생각하면, 나 자신이 잊은 순간들을 생각하면 그 블랙홀이 떠오른다. 잃어버린 기억들은 시상하부의 어딘가 신비한 장소에 최소한의 공간을 차지하려고 애쓰며 갇혀 있고, 그렇게 오래 잘 숨겨진 바람에 결국 다시는 감지할 수 없게 되는 것 같다. 유령들. 물질성도 색도 기억도 없는 존재들. 우리가 알아보지 못하지만 거기 존재하는 비밀의 별들.

사막에서 처형된 마리오 아르구에예스와 스물다섯 명 동료들의 이야기를 생각하면, 그들이 살던 칼라마시의 많은 사람들이 그들을 알지 못한다는 생각을 하면 그 위협적인 검은 구멍의 이미지가 떠오른다. 스물여섯 명의 삶과 스물여섯 명의 죽음, 스물여섯 구의 시신이 역사의 한구석, 더 이상 아무것도 찾아지지 않는 사각지대에 숨겨져 있다.

우리 삶을 이루는 이야기들이 어떻게 이어져 그려지는지 생각해 본다. 그 서사의 소재와 관점이 어떻게 선택되는지 생각해 본다. 나는 신화를 생각해 본다. 신화는 문명의 향방을 가리키는 근원적인 이야기다. 그 이야기들로부터 상상과 사유, 행동이 어떻게 파생되는지 생각해 본다. 예를 들어, 오빠 프릭소스의 허리를 놓쳐 바다에 빠진 가여운 헬레를 떠올린다. 어떤 임의적인 결정이 역사에서 그가 아닌 그녀를 지웠다. 바다에 빠진 사람이 프릭소스였다면 어땠을까? 헬레가 살아남았다면 어땠을까? 헤라, 가이아, 이노처럼 남편의 무고한 아이들을 상대로 가장 흉악한 범죄를 계획할 만큼 사악하고 질투심 많은 여성들도 떠올린다. 나는 신화적 플롯에서 반복되는 수상쩍고 어리석은 면들을, 그 속에 뿌리박힌 한정되고 불공정한 여성상을 생각한다. '대문자 역사'의 거대 서사, 그것을 우리에게 들려주는 방식에 대해서도 생각해 본다. 그 모든 편향되고 조작된 정보들에 대해. 깃발로 선택된 패러다임들에 대해. 만들어진 전쟁들에 대해. 가짜 적과 테러에 대해. 사회를 지배하기 위해 가공된 그 모든 허구들에 대해. 하나의 국가. 하나의 시대. 나는 이 자의적이고 심지어 터무니없는 허구들에 어떻게 우리의 삶이 이끌려 가는지 생각해 본다. 겨우 몇 사람이 만든 대본, 그 사실을 인식하지 못한 채 모든 세대가 그 대본을 연기한다. 우리는 거듭 대본의 논리를 따라 한다. 그들이 우리에게 대본을 가르치고, 그렇게 배운 우리도 누군가에게 그대로 가르친다, 대본이 가리키는 길 끝에 절벽이 있다는 것을, 가르치면서도 깨닫지 못한다. 우리는 심지어 그 대본을 존경하고 변호할 때도 있다. 우리는 다른 현실이 가능하다는 것을 상상조차 하지 못한 채 그들의 규칙을 따르고, 변화에 저항하고, 뫼비우스의 띠를 그리며 돌고, 실험실 쥐처럼 제 꼬리를 밟으며 일생을 보낼 수도 있다. 나는 우리 자신의 사건의 지평선을 생각해 본다. 우리에게 그 지평선이 어떻게 그려지는지 생각해 본다. 그 경계를 넘어 공쏙으로 사라진 것들, 어둠의 힘에 빨려 들어가거나 바깥으로 밀려난 것들, 영원히 자리를 잃은 모든 것들을 생각한다. 배제된 이름들, 보이지 않게 만들어 버린 집단들, 숨겨진 참사들, 제거된 의견들. 그러자 다시 한번 무시무시하고 위협적인 블랙홀의 이미지가 떠오른다.

이전에는 그곳이 텅 빈 공간, 아무것도 숨어 있지 않은 무無의 일부라고 생각했다. 이제는 반대로 그곳에 감지할 수 없을 만큼 극도로 정보가 밀집되고 물질이 압축되어 있다는 것을 이해한다. 마치 어떤 우주의 법칙이 천체의 내용을 검열이라도 한 것처럼, 우리 눈에 보이지 않게 메시지를 숨긴 구멍들이 있다.

그러나 우리가 보지 못한다고 해서 그것이 존재하지 않는다는 뜻은 아니다.

♈

오늘 10월 5일, '반대'에 투표한 덕분에 우리는 청년답게 의견을 자유로이 표현할 수 있게 되었습니다. 우리는 무슨 일이 생길지 모른다는 두려움 없이 우리의 다양한 성적 지향, 열망, 정치적 생각을 표현할 수 있습니다. '반대 투표' 덕분에 오늘날 투표할 수 있게 되었고, 우리의 지도자를 선출할 수 있으며, 민주적 과정에 참여할 수 있습니다. 행진을 하고 다른 생각을 드러낼 수 있게 되었습니다.

그러나 '반대 투표'에 대해 이야기한다는 것은 단순히 우리가 얼마나 멀리 왔는지를 돌이켜 본다는 의미만은 아닙니다. '반대'에 대해 이야기하는 것은 기억하려는 것, 우리가 갈 길이 얼마나 먼지를 이해하려는 것입니다.

♈

국민투표 30주년인 2018년 10월 5일, D는 자신의 연설문을 읽고 싶어 들뜬 마음으로 학교에 갔다. 1교시에는 해당 주제에 대한 토론이 진행됐다. 담당 교사가 이끄는 가운데 학생 전원이 참여했다. 그날을 기념하는 것의 의미, 민주주의와 투표의 중요성, 기억의 의의 등에 대한 생각이 오갔다. 이 중요한 논의의 와중에 학생회장이 교실에 들어오더니 D와 이야기를 하고 싶다며 허락을 구했다. D와 학생회장은 복도 한구석으로 갔다. 기념식에서 연설문을 낭독하기까지 한 시간 남은 시각이었다. 학생회장은 역사 교사들에게서 그들이 D가 쓴 글에 대한 우려를 표명했다는 사실을 들었다고 했다. 자신들이 보기에 공격적이고 폭력적이며 편협한 세 부분을 그대로 두었다면 그 연설은 해서는 안 된다는 것이었다. 그래서 학생회장은 D가 해당 부분을 삭제하거나 다른 표현으로 대체했는지 알고 싶어 했다.

 D는 학생회와 사전에 합의한 대로 구조를 바꿨으며, 세 부분을 지적한 역사 교사들의 제안에 대해서도 충분히 생각했다고 말했다. 그러나 그 문장들을 다시

써보려고 하다가 그럴 수 없다는 결론에 도달했다고 설명했다. 표현을 완화하거나 상대화하면 전체 논리가 약해지기 때문이다. D에게는 생각의 밀도를 충실히 유지하고 본질을 흐트러뜨리지 않는 것이 중요했다.

D의 절친한 친구이자 같은 또래인 학생회장은 역사 교사들과 이야기를 나눈 후 자신도 그 세 부분에 대해 같은 생각이 들었다고 했다. 전날 D와 논의할 때는 공격적이거나 폭력적이거나 편협해 보이지 않았지만, 지금은 선생님들의 의견을 들으니 그렇게 보인다고 했다. 그 문장들의 어조는 너무 급진적이어서 논란을 불러일으킬 수 있다고 했다. 지나치게 엄격한 의견이라 어떤 사람들에게는 불편하고 무례하게 느껴질 것이라고 했다.

대화가 더 이어지기 전 B가 복도에 나타나 그 일에 대해 이야기하자며 둘을 불렀다. D와 학생회장은 교무실로 갔다. 그곳에는 또 다른 역사 교사(이하 C로 칭한다)가 기다리고 있었다. B와 C는 이미 할 말을 준비해 왔다. 책상 위에 출력된 D의 연설문이 놓여 있었는데, 공격적이고 폭력적이며 편협한 문장들에 빨간 취소선이 그어진 채였다. D는 자신의 말들이 빨간 잉크 밑에 묻혀 숨 막힌 모습을 보았다. 그것은 마치 틀린 부분이 표시된 채점된 시험지, 아주 나쁜 성적이 나올 게 뻔한 형편없는 과제물 같았다.

기념식이 시작되기 직전, 시간이 촉박한 상황이었는데 역사 교사들은 그 연설문이 얼마나 비타협적이고 편향적인지를 재차 강조했다. 그들이 보기에 D는 누가 발언할 수 있고 없는지를 결정해 선언하고 있는데, 이는 D가 거부한 독재자의 관점과 매우 유사하다는 것이었다. 민주주의의 도래를 축하하는 행사에서 취해서는 안 되는 태도라고 했다, 그 세 부분은 반드시 재고되어야만 한다고.

그들이 보기에 하이메 구스만이라는 인물은 언급할 필요가 없었다. 민주화된 시대에 그의 이름을 딴 거리나 기념물이 있다는 데에 이의를 제기할 수는 있겠지만, 학생들은 그가 누구인지 모르기 때문에 중요하지 않다고 했다. 왜 아무도 모르는 역사적 인물을 굳이 이야기하냐고 역사 교사들은 되물었다. 구스만은 문제가 있긴 하지만 대단히 신성시되는 인물도 아니다. 그러니 그에 대한 개인적 의견은 기념식과는 아무 관련이 없다고 했다.

또 다른 부분도 마찬가지로 불필요하다고 교사들은 지적했다. 이행기 초대 대통령인 파트리시오 아일윈을 언급한 내용이었다. 그가 군사 쿠데타를 찬양한 것은 사실이고, 또 이미 잘 알려져 있긴 하지만 불편하고 모욕적인 이야기이니 굳이 꺼낼 이유가 없다는 게 역사 교사들의 논리였다. 이행기 최초의 대통령과 군사 쿠데타 사이 공모의 흔적은 역사에서 지우는 게 맞다, 그러니 그냥 언급하지 말라고 했다. 민주주의의 도래를 축하하는 연설은 모든 의견을 대변하고 합의를 끌어내고 그 누구도 배제하지 않는 포용의 연설이어야 한다고 했다.

부적절하다고 지적된 또 한 부분은 독재 정권에 가담했었고 여전히 옹호하는 정당이 존재한다는 것이 얼마나 용납하기 힘든 일인지를 표현하는 내용이었다. 물론 그것은 유감스러운 일이라면서도, 그 우파 정당에 속한 사람들의 의견을 금지할 수는 없다고 교사들은 말했다. 민주주의하에서는 모두에게 다르게 생각할 권리가 있다. 그러니 표현의 자유를 옹호해야 하며 차이를 검열해서는 안 된다고 그들은 덧붙였다.

역사 교사들과 학생회장은 좀 더 신중하라고, 화해와 포용의 관점으로 연설하라고 장장 40분 동안 D를 설득했다. 앞의 논리를 포함해 수많은 논리를 동원하며 D가 세 부분을 삭제하고 그 일들을 잊어버리게 하려고 애썼다.

D는 다시 한번 자신의 입장을 변호하려 했고 원래 뜻이 오인되고 있다고 말했다. 그에게 우파 정당은 독재 정권에 가담하고 이를 옹호했던 정당과 동일한 개념이 아니었다. 두 개념 사이에는 근본적인 차이가 있었다. 그의 문제 제기는 '피노체트의 우파'에 대한 것이었다.

그 세력, 즉 독재 정권의 일원이었던 국회의원, 지자체장, 여론 주도층 들이 국민투표 이후 30년이 지나도록 계속해서 국가 정치를 주도하는 위치에 있다는 점을 지적하는 것이었다. 청년인 그로서는 그 기억의 의미와 힘을 현재에 맞게 갱신하는 시도가 빠진 채 10월 5일을 축하하고 그 중요성을 이야기하는 일은 무의미했다. 이 사회가 여전히 비민주적인 의견과 운동의 발전을 허용하고 있다면 민주주의의 도래를 기념할 이유가 있을까? D는 차이를 존중하기는커녕 생각이 다른 사람들을 고문하고, 사라지게 하고, 추방하고, 살해한 정권에 복무하고 그 정권을 지지한 사람들을 언급하려고 하는데 왜 그들에 대한 존중을 요구받는지 이해할 수 없었다. 민주주의를 믿는 사람들의 참여와 행동 없이는 민주주의가 지켜질 수 없으며, 반민주적 세력으로부터 민주주의를 보호하는 경계를 설정하는 것이 그 행동 중 하나라고 그는 생각했다. 반관용적인 발언은 관용의 대상이 아니다. 하이메 구스만 같은 야만적인 공범자에게 경의를 표하는 일은 용납될 수 없었다. 예를 들어, 독일에서 누군가가 괴벨스의 기념비를 세우기로 결정하거나 거리에 그의 이름을 붙이자고 제안한다면 어떤 소동이 일어날지 상상하기도 어려웠다. 다양한 사상의 표현과 차이를 민주적으로 보장하는 것과, 반대파를 살해하는 체제를 국가적 전략으로 수립해 체계적으로 실행한 사람들에게 관용을 베푸는 것은 전혀 별개의 문제였다. 그 점을 공개적으로 선언하지 않는 행위가 D에게는 무책임하고 위험하게 여겨졌다. 그리고 바로 D 자신과 그의 세대가 이런 누락의 대가를 치를 것이었다. 청년들은 과거에 무지하고 기억을 잃은 채 의문과 비판 없이 살 것이다. 그리고 이들이 이미 전 세계에서 새롭게 등장하고 있는 파시즘의 흐름 속에서 역사의 데자뷔를 이끌 희생양이 되고 말 것이라고 D는 생각했다.

D는 아직 하지도 않은 발언을 철회하라는 압박을 받았다. 그는 그들의 삭제 제안은 결코 제안이 아니라는 것을 깨달았다. 10월 5일의 민주적 기념식의 포용성과 관용이 그에게는 해당되지 않았다. 역사 교사들, 그리고 이제 선생님들처럼 생각하는 친구를 설득할 방법은 없었다. 친구의 생각이 바뀌었다는 것이 교사들에게는 자신이 옳다는 가장 확실한 증거였다.

D는 열일곱 살의 작은 어깨에 얹힌 시대의 무게를 느꼈다. 그가 연기하고 싶지 않은 낡고 위험한 대본의 강요. 그의 생각을 빨아들인 뒤 어두운 구석에 가두어 보이지 않게 숨겨버리는 블랙홀의 힘. 양자리의 영향하에서 태어난 그는, 열정적이고 충동적이며 활기와 열의가 넘치는 청년이자 현재를 바꾸고 주변에

새로운 에너지를 불어넣는 미래의 장인인 그는 마치 신화 속에서 부당한 벌이 내려지기라도 한 것처럼 자신이 혼자임을 깨달았다. 지금 자신이 강요받은 그런 관대하고 타협적인 태도로 인해 역사가 되풀이될 때 그를 구하러 오는 황금 양털은 없을 것이다. 책임지는 어른이 없구나, 그는 그렇게 느꼈다. 그런 어른은 결코 없었을지 모른다.

♈

오늘 10월 5일에 저는 우리가 얼마나 멀리 왔는지, 우리의 민주주의가 얼마나 잘 작동하는지에 대해 이야기하고 싶습니다. 그러나 쉽지는 않습니다.

~~독재에 가담했고 여전히 독재를 어떤 식으로든 옹호하는 정당이 존재한다는 것이 어떻게 가능할까요. 피노체트와 협력한 정당의 정치인이 국회의원으로 활동하는 현실이 어떻게 가능할까요.~~

~~하이메 구스만 같은 군사 정권 주요 인사의 이름을 딴 공공장소를 용납해서는 안 됩니다. 그의 이름이 붙은 거리나 기념물이 존재한다는 것은 폭정과 학살을 자행한 독재 정권의 핵심적인 민간인 공범을 기린다는 의미입니다.~~

아직도 딸아들의 시신이 어디에 묻혔는지 모르는 어머니 아버지가 있는 현실을 용납해서는 안 됩니다. 결국 그곳을 모른 채 돌아가시는 일이 계속 일어나서는 안 됩니다.

그러한 범죄의 책임자들이 자유롭게 거리를 활보하고 심지어 국가로부터 풍족한 연금을 받는 것이 어떻게 가능할까요.

~~군사 쿠데타에 연루된 자가 체제 이행기의 첫 대통령이 되었다는 사실에 경악하지 않는 것이 말이 될까요. 그런 기반 위에 세워진 민주주의의 윤리가 어떤 상태인지 우리가 보지 못하는 알아 있어서는 안 됩니다.~~

교육이나 보건은 권리이지 소비재로 여겨져서는 안 됩니다. 우리 할머니 할아버지가 적절한 연금을 누리지 못하는 일이 있어서는 안 됩니다. 우리가 여전히 군부에 의해 작성된 바로 그 헌법하에 살고 있다는 것이 말이 될까요. 그 불법적인 헌법을 유지하는 한 우리는 결코 진정한 민주주의를 이룰 수 없습니다. 임시방편의 수정은 아무리 한들 소용없습니다. 그 기원부터 정당성이 없기 때문입니다.

우리가 진정으로 자신의 성 정체성을 자유롭게 표현할 수 있기를, 동성애자나 트랜스젠더가 길거리에서 구타당하는 일이 없어지기를 바랍니다. 저는 또래 여성들이 밤에도 남성들을 두려워하지 않고 외출하는 모습을 보고 싶습니다. 경찰에게 폭행당하거나 최루탄을 맞거나 부당하게 구금되는 일 없이 집회할 수 있는 세상이 오기를 바랍니다.

하지만 그럼에도 불구하고 저는 여기 여러분 앞에서

이 글을 낭독할 수 있다는 것에 감사해야 합니다. 제가
지금 이런 말을 하더라도 아무 일 일어나지 않는다는
것에 감사해야 합니다. 지금 진심으로 생각하는 모든 것을
말로 표현해도 아무 일 일어나지 않는다는 것에 감사해야
합니다.

이것이 바로 우리가 30년 전 오늘 열정과 용기로 단결해
투표한 사람들을 기억하고 감사해야 하는 이유입니다.
그들은 17년 동안 총칼이 이루지 못한 일을 펜의 힘으로
쟁취했습니다. 우리는 또한 여러 형태의 투쟁으로 독재에
맞서 싸운 모든 이들에게 감사해야 합니다. 그들 모두는
우리의 존경을 받을 자격이 있습니다.

그날을 기념하는 것은 우리의 오늘을 축하하기 위해서가
아닙니다. 국가의 구성원으로서, 그리고 청년으로서 과거를
통해 더 공정하고, 더 자유롭고, 더 창의적이고 통합적인
미래로 나아가는 데 필요한 추진력을 갖기 위해서입니다.

그 17년 동안 투쟁한 모든 이들에게, 지금도 계속
투쟁하고 있는 모든 이들에게 이 말씀을 바칩니다.
당신들이 보여준 강인함 덕분에 언젠가 온전히 기쁘기만
한 날이 올 것입니다.

D.L.F.
2018년 10월 5일, 칠레 산티아고에서

마치 어떤 우주의 법칙이 천체의 내용을 검열이라도 한 것처럼, 우리 눈에 보이지 않게 메시지를 숨긴 블랙홀이 있다.

하지만 우리가 보지 못한다고 해서 그것이 존재하지 않는다는 뜻은 아니다.

www
.
constelaciondeloscaidos
.
cl

ESTRELLA HD89353

MARIO ARGÜELLES TORO

CONSTELACIÓN
DE LOS CAÍDOS

HD89353 별
마리오 아르구에예스 토로
떠나간 사람들의 별

쌍둥이자리

체발, 나를 내버려두세요.
별을 향한 여행을 계속하게 해주세요.

― 보이저 1·2호의 골든 레코드에서

어머니의 생일 케이크에는 여덟 개의 촛불이 켜져 있다. 초콜릿과 크림 위 작은 성화들이 은은하게 깜박인다. 하나하나가 10년의 시간을 나타낸다. 촛불마다 얼마나 많은 삶이 담겨 있을까, 나는 궁금하다. 얼마나 많은 장면이, 얼마나 많은 얼굴이, 얼마나 많은 냄새와 맛이, 또 얼마나 많은 순간이. 백발의 여성들이 별 무리처럼 어머니를 에워싼 채 의식에 참여하고 있다. 깜짝 파티를 함께 준비해 주신 어머니의 친구들이다. 그들도 이 불의 일부이며, 그들의 삶이 이 불 켜진 케이크의 한몫씩을 차지하며 얽혀 있다. 수년, 수십 년간 이어온 공모와 비밀스러운 추억으로. 함께한 수백 번의 순간들은 이미 그들 뇌 속 블랙홀에 갇혀버렸을지언정 여전히 이 케이크 어딘가에 있다. 망각한 것도 기억하는 것만큼이나 자리를 차지하고 존재하기 때문이다.

내 아들의 아버지가 사진을 찍자고 한다. 모두들 카메라를 향해 미소 짓는다. 우리는 이 순간을 이미지로 포착해 둔다. 그것은 미래에 또 다른 케이크에 불을 밝히는 데 도움이 될 것이다. 생일 축하 노래가 합창으로 울려 퍼지고 둥그런 모양으로 반짝이는 촛불에 어머니의 충혈된 초록색 눈이 밝게 빛난다. 그녀의 경이로운 머리에는 여든 해 동안의 의식적 기억이 담겨 있다. 그 안에서 수백억 개의 신경세포가 결합하며 기억을 깨우고, 일으키고, 공명하게도 하면서 믿기 힘든 빛의 향연을 펼치고 있다. 그러느라 분주한 뇌의 활동과 에너지 소모에도 불구하고, 어머니는 촛불을 끄기 전 눈을 감고 기억을 하나 더 넣어둘 공간을 찾는다.

그녀는 살그머니 세 가지 소원을 빈다. 지금 이 순간을 잊지 않게 해주세요. 지금 이 순간을 잊지 않게 해주세요. 지금 이 순간을 잊지 않게 해주세요.

Ⅱ

이 사진과 기억을 넘어 종국에 우리는 어디로 가는 걸까? 지금 이 순간이 묻혀버릴 시간의 층들을 뚫으려면 얼마나 많은 묘책이 필요할까? 이 여성들의 웃음소리, 꺼진 초에서 나는 연기 냄새, 하얀 식탁보 위 초콜릿 부스러기는 어디로 갈까? 어떤 식으로든 재활용될까? 꿈이 될까? 연처럼 가볍게 날아다니다가 우리가 전혀 예상하지 못한 어느 순간에 내려앉을까? 어머니의 충혈된 초록색 눈은 어떻게 될까? 그녀의 굽은 손은 어떻게 될까? 소파 쿠션에 남겨진 그녀의 가늘고 흰 머리카락은? 그 모든 것을 기억이 복원할 수 있을까? 필요하면 참조할 수 있는 정확한 사본이 저장될까? 목소리, 머리 모양, 체취, 대화 도중 찾아든 침묵의 순간들이 잊히지 않게 온전히 적은 대본이 있을까? 지금 이 순간이 누군가의 뇌 속에서, 단 한 번이라도 다시, 재현될 수 있을까?

♊

우리 몸의 다른 기관들과 마찬가지로 뇌도 진화했다. 인간이 존재한 수백만 년 동안 그 복잡성은 증가해 왔다. 조상들의 뇌는 달의 위상 변화를 뼈에 그려 넣었다. 바빌로니아인들의 뇌는 황도대에 이름을 지어주었다. 고대인들의 뇌는 어두운 사막 한가운데에서 별을 따라갔다. 그 과거의 뇌들이 지금 감격해 생일 초를 끄는 이 여성의 뇌와 정확히 똑같을 리는 없다.

나는 신경과학 책에서 뇌의 현재 구조는 뇌가 거쳐온 단계를 모두 반영한다는 설명을 읽었다. 뇌의 발달 내력이 그 형태에 문신처럼 새겨져 있다고 했다. 가장 깊숙한 곳에는 가장 오래된 부분, 심장 박동과 호흡 같은 기본적인 생물학적 기능을 관장하는 뇌간이 자리하고 있다. 이는 '파충류의 뇌'다. 본능, 공격성, 의식, 영토화, 사회적 계층화의 본거지라고 할 수 있다. 이러한 것들이 파충류 조상으로부터 진화했을 것이다. 우리는 두개골의 가장 깊숙한 곳에 악어와 유사한 뇌를 지녔다.

이 뇌를 둘러싸고 고생대 포유류의 뇌가 있다. 아직 영장류가 출현하지 않은 수천만 년 전의 포유류 조상으로부터 진화한 뇌이다. 여기에는 변연계가 있다. 이는 우리의 감정을 엮고, 파충류 뇌의 기본적인 생존 기능과 세상에서의 상호작용을 잇는 신경망이다. 두려움, 분노, 행복, 슬픔 등 우리의 기분과 상태를 좌우하는 모든 범주의 감정이 이곳을 흐르고 있다.

이 원시의 뇌 바깥으로 수백만 년 전 우리 영장류 조상으로부터 진화한 신생대 포유류의 뇌가 있다. 바로 이곳, 대뇌 피질에 의식이 존재한다. 직관하고, 분석하고, 결론을 도출하고, 사물에 의미를 부여하는 인간의 능력이 여기서 발휘된다. 나는 이 뇌를 사용하여 신경과학 책에서 정보를 검색하고 처리해 기억에 저장한다. 이 영역에서 우리는 읽고 경험한 것을 학습하고, 추상화하고, 우주와 뇌가 두 가지 유사한 신비라고 상상한다. 별과 신경세포 사이에 비밀스럽고 유동적인 관련성이 있다고 말이다. 이 뇌는 나로 하여금 뇌가 어떻게 작동하는지를 비유적으로 이해하게 해준다. 뇌는 도시처럼 시간이 지나면서 필요에 맞춰 발전하고 확장했음을 파악하게 된다. 초기 구조를 유지하되, 새로운 맥락에 따라 새로운 구조들을 추가해 왔다. 파충류의 뇌는 칠레 산티아고의 아르마스 광장과 같다. 도시 설계도의 출발점이자 원점이었다. 최초로 처형이 집행되고 상업적 거래가 발생한 곳. 우리 도시와 마찬가지로 뇌도 오래된 중심부에서 바깥쪽으로 확장되었다. 그러나 산티아고에서와는 달리 뇌의 확장은 유산을 중시하는 도시 계획에 따라 진행됐다. 뇌는 과거를 존중하고 보존하며 그것을 기반으로 삼아 오늘날에 이르렀다.

우리는 기억을 담는 그릇이다. 우리의 뇌 구조와 유전적 구성이 이를 증명한다. 기억은 유전자와 DNA에 지속적으로 보관된다. 하지만 기억하는 것은 뇌가 하는 일의 일부에 불과하다. 우리의 신경세포는 유전적으로 물려받은 것 이상의 내용을 만들어 내고 저장한다. 태어나 처음으로 울음을 터뜨리는 순간부터 배우고자 하는 욕구는 우리의 생존과 성장을 위한 근본적인 동력으로 작용한다. 이런 대뇌 피질의 역할 덕분에 우리는 선조로부터 물려받아 몸속에 지닌 유전적 이야기를 끌어내고 기억과 행동, 과거와 현재, 어제와 오늘의 작용 속에서 새로운 이야기를 창조한다. 이러한 작용은 끝없이 이어지며 문명의 발전을 낳았다.

유전적 기억에 더 이상의 정보를 저장할 수 없는 상황에 이르자 우리의 뇌가 나섰다. 뇌가 처리할 수 있는 양보다 더 많은 정보를 다루게 된 인간은 기록이라는 방법을 발명했고, 그렇게 글쓰기 행위가 시작되었다. 최초의 글은 점토나 돌, 뼈에 끌로 새겼고 그 내용은 실용적인 정보였다. 곡물의 수량을 헤아리거나 별의 위치, 달의 위상 변화, 계절의 변화를 나타내는 표시와 형상 들이었다. 나중에는 나무껍질이나 가죽에 글을 쓰고 파피루스, 대나무, 실크에 그림을 그렸다. 수수께끼 같은 상형문자는 특정 소리를 여러 언어 체계에 맞게 옮기려는 기호인 알파벳들로 대체되었다. 오랜 세월이 지나 중국에서는 쌀로 만든 종이와 먹이 발명되었으며, 흙이나 진흙에 문자를 새겨 구운 후 이를 찍어내는 방식의 고유한 인쇄술이 고안되었다. 이로 인해 글의 사본을 훨씬 쉽게 제작할 수 있게 되었다. 몇 년 후 유럽에서 오늘날 우리가 알고 있는 인쇄기가 등장했다. 덕분에 텍스트는 책의 형태로, 손에서 손으로, 이곳에서 저곳으로,

시시각각 퍼져갔다. 정보는 확산하고 심화했으며, 미래로 나아갔다.

책은 시공간을 담은 캡슐이다. 현재를 붙잡아 메시지의 형태로 내일을 향해 쏘아 올린다. 우리 선조들이 남긴 목소리는 그들이 살았던 환경을 기록하고 고찰해 놀라운 발견을 한 흔적이다. 그들은 염려, 믿음, 신, 전쟁에 관해 표현했다. 자신의 이야기를 들려주고 또 다른 이야기를 만들어 냈으며, 환상을 펼치고, 평행 세계를 떠올리고, 전설, 신화, 노래, 시, 소설을 지었다. 그리고 책의 한 장 한 장을 통해 그것들, 또 그 이상의 것들을 우리에게 계속해서 이야기해 준다. 우리는 역사 속 위대한 스승들의 가장 정교한 정신과 사유, 감수성을 만날 수 있다. 오염되지 않은 지역의 목동과 밤의 사막을 건너는 고대인이 길을 잃지 않기 위해 별을 따라갔던 것처럼, 우리는 그들이 기록으로 남긴 메시지들에 인도된다. 그 기록들은 우리에게 영감을 주고, 우리의 현재와 미래의 일부를 이룬다. 책이라는 별자리 지도에서, 그 지식과 학문, 내용과 이미지, 빛과 그림자의 계주 속에서 우리는 보이지 않는 실로 얽혀 있다. 까마득한 옛날부터 시작된 이 여정에서 우리는 그저 잠시 지나치는 정거장일 뿐이다.

도서관도 하늘이 될 수 있다. 그곳이 품은 것은 시간의 법칙을 깨고 우리의 손, 우리의 눈, 우리의 뇌,

우리의 의식을 향해, 마침내 우리의 삶에 와닿기 위해 여행해 온 기억들이다.

우리가 아는 한 우리는 지구에서 뇌 바깥에 기억을 축적할 필요가 있는 유일한 종이다. 훗날 예술의 일종으로 발전한 그림, 녹음, 사진, 영화, 책 등 기억의 저장고들은 원래 환경에 대한 충실한 증거를 얻기 위한 행위로 시작되었다. 현실을 찰나의 환영으로 포착해 남기려는 시도였다. 그 순간은 영원히 붙잡혀 있다. 그리고 붙잡혀 저장된 바로 그때부터, 이미 스스로의 과거가 된다. 어제의 편린을 거듭 되살리는 소리, 이미지, 목소리, 숨소리, 얼굴, 생각, 반추, 그 유령 같은 풍경. 기록은 그 순간들을 다시 한번 해후하도록, 분실하지 않도록 해준다. 기록은 사냥과도 같다. 그 순간들을 망각으로부터 구해내, 우리가 늘 자신을 비춰보려고 노력하는 깨진 거울의 틈에 퍼즐 맞추듯 조각조각 붙여보는 일이다.

♊

보이저 호는 1977년 미국 항공우주국NASA이 발사한 두 대의 쌍둥이 탐사선이다. 그들의 임무는 1970년대 말 태양계 외행성들이 한 줄로 정렬되는 시기에 맞춰 그 행성들을 관측하는 것이었다. 한 대의 탐사선이 몇 년 안에 행성들 전부를 방문할 수 있는 기회였다. 두 탐사선은 관측 대상인 목성, 토성, 천왕성, 해왕성을 향해 며칠 차이를 두고 출발했다. 그들은 서로 가까운 경로를 따라 출발했지만, 시간이 지남에 따라 완전히 다른 방향으로 멀어질 터였다.

    사진 속 쌍둥이 탐사선은 마치 한 쌍의 곤충 같아 보인다. 몸체에서 다양한 모양의 팔과 안테나가 튀어나온 모습은 우주 곤충처럼 기묘하다. 카메라, 광센서, 음향 레이더를 포함해 온도, 색상, 플라즈마 파동을 측정하고 해석하는 여러 장비가 정교한 구조로 탑재되었다. 입자의 에너지를 감지하거나 천체의 구성 성분을 분석할 수 있는 복합적인 기계장치다. 보이저호는 두 명의 완벽한 사냥꾼으로 설계되었다. 그들의 임무는 우주의 순간을 기록하고 저장하는 것이다. 별의 기억의 편린들을 축적하는 한 쌍의 인공 두뇌가 되는 것이다. 그들은 여정 중에 새로운 달들, 예상치 못한 화산 폭발, 유로파[II]의 얼음 표면, 칼리스토[III]를 뒤덮은 온갖 크기의 분화구, 목성 주변의 섬세한 입자 고리, 토성의 고속 바람, 해왕성의 놀라운 구름 형성 등을 발견했다. 그때마다 그들은 그 순간을 촬영해 엽서처럼

[II] 목성의 위성으로, 얼음 표면 아래 바다가 있어 그 내부에 생명체가 존재할 가능성이 높게 여겨진다. NASA는 2024년 이곳으로 탐사선을 발사했다.
[III] 목성의 또 다른 위성으로 지질학적 활동이 많지 않아 수십억 년 전 충돌의 흔적이 그대로 남아 있다는 특징이 있다.

지구로 보내왔고, 남아 있는 수천 장의 사진들은
오늘날까지도 그 경이로운 여행을 우리에게 전하고
있다. 일찍이 어떤 인간도 접근해 보지 못한 풍경들을.

♊

보이저 1호는 토성을 근접 비행한 후 원래의 경로로부터
크게 벗어나게 되었다. 보이저 2호에도 같은 일이
일어났다. 해왕성의 중력이 작용해 보이저 1호와는
반대 방향으로 밀려났다. 그리하여 쌍둥이들은 영영
헤어지게 되었고, 애초의 기록 임무는 포기해야 했다.
그들에게는 새로운 임무가 부여되었다. 바로 태양계와
성간 우주의 경계인 태양권을 가로질러 넘어가는
것이었다.

그 여정에서 쌍둥이 탐사선의 에너지는 고갈되기
시작했다. 과학자들은 남은 전력을 절약하기 위해
대부분의 장비를 껐다. 1990년 2월, 보이저 1호의
카메라는 마지막으로 저 멀리 떨어진 태양계의 모습을
촬영했다. 그 사진들은 보이저 1호가 십수 년에 걸쳐
기록한 긴 시퀀스의 결말이었다. 이제 지구에서 60억
킬로미터 떨어진 곳에 다다른 그가 행성 무리를
굽어보며 그중 하나인 지구에 보낸 작별 인사. 태양
빛이 비친 덕분에 지구는 저 멀고 광활한 우주 속
행성들 사이에서 작고 푸른 점으로 포착되었다.

미국의 천문학자이자 과학 커뮤니케이터, 유명한 텔레비전 프로그램 〈코스모스〉의 창시자 겸 진행자, 그리고 자유사상가, 회의론자, 무신론자, 수많은 논문과 책의 저자인 칼 세이건이 그 마지막 사진을 기획했다. 보이저 호 프로젝트의 일원이었던 그는 태양계에서 멀어지고 있던 쌍둥이 탐사선 중 하나의 마지막 기록이 우리 행성의 모습이 될 수 있도록 카메라를 지구 쪽으로 돌려놓자고 제안했다. 그렇게 찍힌 일련의 사진들 중 단 한 장에 지구가 포착되었고, 그것이 지금까지 존재하는 우리 행성의 가장 먼 이미지다. 세이건 자신은 그 사진에서 영감을 받아 선언했다. 지구는 태양 빛 한 줄기 속에 떠 있는 작은 먼지에 불과합니다.

1980년대 초, 우리 집 낡은 흑백 텔레비전에 세이건의 얼굴이 나왔다. 어느 멕시코인 성우가 더빙한 친근한 목소리로 그는 〈코스모스〉의 새로운 에피소드를 소개하고 안내했다. 내가 자라난 그 수상한 시절에, 일주일에 한 번, 그 한 시간 동안 작은 세계의 갑갑한 경계를 깨고 반젤리스^ㅍ의 음악과 함께 시공간을 넘는 여행을 하기 위해 나는 화면 앞에 앉아 안달하며 기다리곤 했다. 각각의 에피소드는 다양한 시대와 장소, 지식을 향해 떠나는 모험이었다. 천문학, 역사, 과학,

ㅍ 그리스 출신 전자음악 작곡가로, 그의 음악이 〈코스모스〉 테마곡으로 사용되었다.

생물학, 생명의 기원, 인류의 발전, 우주여행, 별, 우주의 무한함, 태양 빛 한 줄기 속에 떠 있는 작은 먼지에 불과한 행성에 거주하고 있다는 인식.

헬리콥터가 우리 동네 지붕 위로 날아다니는 동안, 정전이 일어나 촛불로 어둠을 밝히는 동안, 우리를 가장 깊은 무지와 기만에 빠뜨리려는 블랙홀의 인력에서 살아남으려고 애쓰는 동안에도, 나에게는 단 하나의 확신이 있었다. 가끔이나마, 50분 남짓은 텔레비전 화면을 통해 지식으로의 여행을 떠날 수 있다는 확신. 그것은 충격이나 통금 같은 것에서 벗어나 또 다른 가능한 현실로 향하는 탈출구였다. 우주적 차원에서 보면 현재는 미미한 점일 뿐이라는 사실을 나는 그 텔레비전 모험에서 배웠다. 하나의 주제에 대한 관점은 무한하다는 것, 모든 지식은 심오하고 끈질긴 질문의 산물이라는 것을 이해하게 되었다. 세이건은 과학에 관해 이야기했지만 나는 그의 말이 나에게 보내는 비밀 메시지라고 느꼈다. 자신이 살아내야 하는 망가진 나라를 이해해 보려고 애쓰던 남미의 한 소녀에게 보내는 메시지. 그는 모든 것을 의심하라고 권했다. 다들 진실이라고 하는 것을 의심하고 주변 환경에 대해 부단히 질문하라고. 공식적인 서사에 순응하지도, 완전한 무지나 비논리, 거짓에 안주하지도 말라고 했다. 수백만 년을 진화한 우리 뇌의 가능성을 전부 발휘해, 우리의 작은 영토 너머를 바라보라고. 자신의 몸을 벗어나 우리 집, 우리 동네, 우리 국가, 우리 세계 위로 날아올라 보라고 했다. 우리가 매여 있는 경계를 털어버리고 높은 곳에서 내려다보라고. 파노라마의 시야로 모든 관점을 섭렵해 보라고. 우주의 신비를 해독하며 방황하는 탐사선이 되라고 했다.

오랜 세월이 흘렀지만 나는 아직도 텔레비전 앞에 앉아 〈코스모스〉 시리즈의 어느 에피소드를 보며 어릴 때 들은 그 말이 오늘날에도 여전히 유효하다는 것을 실감하곤 한다. 그 기억은 내 정신 속에서 활활 빛을 내며 불합리한 현재를 비춘다. 권력과 무지의 완벽한 합작은 우리 시대가 시작된 이래로 역사의 과정 내내 줄기차게 존재해 왔다. 조르다노 브루노에게 물어보라, 마리오 아르구에에스에게 물어보라. 인간은 자신의 뇌를 외부의 인공 뇌로 확장하고, 우주로 여행하고, 무척 섬세하고 감동적인 시를 쓰는 정도로 진화했다. 그럼에도 불구하고 여전히 어리석음이 만연한다. 당장이라도 빨려 들어갈 수 있는 거대한 블랙홀의 경계, 사건의 지평선에 우리를 묶어두려고 지어낸 터무니없는 말을 매일같이 들어야 한다. 지구 온난화는 존재하지 않는다느니, 지구 온난화는 좋은 일이라느니, 그로 인해 새로운 무역과 광물 개발 기회가 생긴다느니. 암이 열대우림 개구리의 독으로 치료된다느니, 브라질 수도승은 물잔과 촛불만 있으면 먼 거리에서도 치유 능력을 발휘한다느니. 국가를 분리하기 위해 장벽을 세우고 장벽에는 전기 철조망과 감시 카메라를 설치해야 한다느니. 우월한 인종과 열등한 인종이 따로 있고 우월한 국가와 열등한 국가가 따로 있다느니. 지구는 평평하며 그 외의 해석들은 수 세기 동안 지속된 세계적인 음모에 불과하다느니, 홀로코스트는 일어난 적이 없고 증거라고 제시되는 모든 것들은 앞으로도 수 세기 동안 지속될 또 하나의 세계적인 음모라느니. 공교육 과정에서 역사 수업을 줄이는 게 좋다느니, 철학 수업은 아예 빼버리는 게 더 좋겠다느니. 동성애는 타락한 이들이 발명한 개념이라느니, 트랜스젠더는 또 다른 타락한 이들이 발명한 개념이라느니. 남자아이는 파란색 옷을 입고 여자아이는 분홍색 옷을 입어야 한다느니, 여성은 단지 어머니가 되기 위해 태어난 존재이고 자기 몸에 대해 결정할 수 없다느니, 여성은 모두 질투심과 복수심에 가득 차 있으며 남성을 괴롭힐 음모만 꾸민다느니 하는 말들을. 테러, 범죄, 안보, 시민의 평화 유지에 대한 말들을. 그것은 산타클로스, 이빨 요정, 부활절 토끼에 대한 말과 어떻게 다를까. 과연 하느님과 성모 마리아와 성령께서 이 모든 일을 용서하고 우리를 구원해 주실까.

  우리는 다시 텔레비전 화면 앞에 앉아 더 자주

별들로의 여행을 떠나야 한다. 그들의 경고 메시지에 주의를 기울여야 한다. 수백만 킬로미터 떨어진 곳에서 쌍둥이 탐사선이 포착한 그 오래된 지구의 사진을 거듭 바라보며. 수 세기 동안 우리 행성에 재앙을 초래한 권력과 무지의 합작, 어리석음과 순진함의 공모는 오로지 픽셀 하나에 불과한 이 우주 속 작은 점을 지배하려는 욕망에 의한 것이었음을 깨쳐야 한다.

그러나 우리를 눈멀게 하려는 그 모든 작전을 뒤로하고, 지금 이 순간에도 우주 공간을 떠돌고 있는 보이저 호에는[Ⅱ] 인류 최고의 것을 담고자 한 '골든 레코드'가 하나씩 실려 있다. 그것은 인류의 무지와 어리석음은 전혀 포함되지 않은 일종의 최고 히트작 모음으로, 우리가 지닌 가장 아름다운 얼굴이자 가장 귀한 본질의 정수다. 엘피LP판에, 재생 장치용 카트리지와 바늘, 사용 설명서가 딸려 있다. 혹시라도 우주에 존재하는 다른 문명의 대표자가 발견할 경우 어떤 방식으로든 소통할 수 있기를 바라며 만든 디스크다. 이를테면 지구인의 자기소개서라고 볼 수 있다.

쌍둥이 탐사선이 이륙하기 9개월 전, NASA는 칼

[Ⅱ] 2025년 기준으로 보이저 1·2호는 50살이 다 되었으며 지구에서 각각 약 250억 킬로미터, 210억 킬로미터 떨어진 곳에 있다. 전력 문제로 탑재된 장비 대부분을 끈 채 태양 영향권 밖 성간물질을 연구하는 임무를 수행하고 있다.

세이건에게 이 메시지의 준비 작업을 맡아달라고
요청했다. 지구상 다양한 생명체와 문화를 드러내는
일종의 표본들을 모은다는 발상이었다. 먼 미래에
우주의 어딘가에서 다른 존재가 쌍둥이 탐사선을
마주칠 것이란 생각은 가능성이 희박해 보였고, 지금도
그렇다. 그러나 이를 위해 구성된 소규모 프로젝트 팀은
과제를 진지하게 받아들여 자료 선별 작업을 시작했다.
그런데 도대체 지구에서의 삶의 경험을 어떻게
큐레이팅할 수 있을까? 어떤 기준을 따라야 하고,
이 작업에 투여될 시간과 에너지를 정당화할 의의를
어떻게 설명할까?

   오랜 고심과 논의 끝에 팀은 디스크에 지구에서
가장 빼어난 음악을 담기로 결정했다. 다양한 문화에서
유래한 작품, 최대한 다양한 음악가의 목소리와
연주 들을. 바흐, 스트라빈스키, 베토벤, 모차르트,
척 베리의 명곡 〈조니 B. 구드〉, 세네갈의 퍼커션
합주, 불가리아 민요, 페루의 샴포냐[Ⅱ]와 북 연주 등.
인사말도 넣기로 했다. 우호적인 마음을 전하는 말들.
비록 가상의 수신자들은 알아듣지 못할 테지만, 60여
가지 언어로 메시지를 녹음했다. 기록상 가장 오래된
언어인 수메르어로 시작된 인사는 혹등고래의 소리를

Ⅱ 안데스산맥 지역 일대에서 연주되는 피리 형태의 목관 악기다.

거쳐 다섯 살짜리 미국 소년의 말로 끝났다. 아랍어, 시리아어, 북경어, 네팔어, 스페인어의 목소리들. 녹음할 수 있는 언어는 전부 포함되었다.

안녕하세요, 모두에게 안부를 전합니다. / 다른 행성의 여러분, 어떻게 지내시나요? / 별에 사는 친구들이여, 시간이 우리를 이어주기를. / 우주에 존재하는 모든 이들, 오래오래 살아주세요. / 거기 누군가가 있다면, 우리의 애정을 받으세요. / 연락 좀 해주세요. 우리는 여기에 있습니다. 인사드려요. 우리는 지구 사람입니다.

또한 지구 곳곳을 배경으로 한 여성과 남성들, 다양한 사람들의 사진도 담겨 있다. 멕시코와 아프리카의 집들, 파키스탄의 거리, 인도의 혼잡한 도로. 타지마할, 중국의 만리장성, 시드니 오페라하우스의 전경. 현미경을 들여다보는 여성, 발리의 댄서. 태국의 장인, 산악인, 체조 선수, 우주 비행사. 코끼리, 비행기, 기차, 손 엑스레이 사진, 박물관 내부, 인간의 심장 이미지. 지구에 사는 생명의 시초를 설명하기 위한 지질학적 소리도 포함되었다. 비, 바람, 타닥거리는 불티 소리. 침팬지의 울음소리, 새들의 합창 소리. 양 떼가 풀 뜯는 소리, 온순한 개가 짖는 소리. 새로운 기술의 급속한 발전을 드러내는 기차와 자동차 소리, 이륙하는 로켓의 엔진 소리. 여기에 더해 인간의 사고와 감정도 담았다. 뇌의 전기적 활동을 기록한 뒤 소리로 변환·압축해 수록했다.

이렇듯 쌍둥이 탐사선의 기억에 저장된 인간의 뇌는 여성의 것이었다. 그녀는 앤 드루얀[ㅍ]으로, 자료 선별 팀의 일원이었다. 골든 레코드에 뇌파도를 싣는 것 자체가 그녀의 아이디어였다. 미래에 뇌파도를 발견할 누군가가 그 패턴에 나타난 사고의 변화를 해석할 수 있을지 모른다는 기대에서였다. 팀의 동의를 얻어 그녀는 1977년 6월 3일, 자신의 뇌 활동을 기록하는 절차를 밟았다.

이런 생각을 하고 있노라면 내 머릿속에서는 신경세포들이 깜빡이면서 어머니의 뇌 신경 검사 장면이 떠오른다. 그 병실, 어머니의 긴장한 모습, 당황한 눈빛. 몇 달 전 내 어머니가 그랬던 것처럼 머리에 전극을 잔뜩 꽂은 채 침대에 누워 있었을 앤이 상상된다. 물론 그녀도 의사의 지시에 따라 절차를 진행했을 것이다. 그러나 어머니와 달리 앤은 겁내지 않았다. 그곳에 누워 자기 뇌의 스냅숏을 우주의 시상하부에 전달하는 것은 그녀 자신의 선택이자 바람이었다.

[ㅍ] 과학 프로젝트 기획자로 NASA의 여러 탐사선 프로젝트에 참여했다. 남편 칼 세이건과 함께 텔레비전 프로그램 〈코스모스〉를 기획했고, 여러 권의 책을 공저했다. 2020년에는 〈코스모스: 가능한 세계들〉을 제작 및 감독했고, 동명의 책을 썼다.

그때를 위해 앤은 영원히 우주의 기억으로
남기고 싶은 세계사적 사상과 인물 들로 떠나는
이른바 정신적 여행을 미리 계획해 놓았다고 했다.
기록 시간 내내 그녀의 신경세포들은 빛을 발하며
인류의 고귀한 사유를 떠올릴 것이고, 그 결과물은
철학적이고 역사적인 증언이 될 터였다. 그러나 그녀가
눕고 기록이 시작되자 아주 최근의 기억이 정신을
사로잡아 그녀는 애초의 대본에서 이탈하게 되었다.
그것은 완전한 반란이었다. 그녀의 신경세포들은
위대하고 중요한 사상들, 역사적인 위인들은 제쳐두고
스스로의 의지대로 별자리를 이어 나가기 시작했다.
며칠 전의 다정한 전화 통화가 은근슬쩍 그녀의
머릿속에 스며들었다. 과학계의 한 동료이자 연인과
나눈, 과학과는 거리가 먼 대화였다. 사랑을 공모하는
선언이자 약속이었던 그 대화는 그녀를 밑바닥부터
뒤흔들었고 그녀의 정신은 깊은 행복의 상태에
빠져들었다. 그 순간 그 감정보다 더 강력한 것은
없었다. 그것은 고스란히 뇌파도에 기록되었고 보이저
호의 골든 레코드에는 일종의 폭발음으로 수록되었다.

    나는 앤의 뇌 속 한 무리의 신경세포들이 전화
통화 상대의 이름에 반응해 일제히 반짝이는 모습을
상상한다. 특정 단어, 특정 목소리 톤, 특정한 숨소리,
특정한 침묵이 엮여 펼쳐졌을 야광의 망을. 그녀의

시상하부 속, 그 현기증 나는 감각의 향연은 틀림없이
새해 전야의 찬란한 불꽃놀이 풍경을 닮았을 것이다.
 앤의 기억은 이 행성에 발 디딘 모든 인간의
기억과 마찬가지로 통제할 수 없다. 우리는 기억을
서사화하려고, 시상하부의 구석구석을 모두 제어하려고
노력한다. 자신의 머리만으로 할 수 없으면 외부의 기억
장치를 사용한다. 사진 앨범, 녹음기, 일기장, 그리고
하드 드라이브에 저장할 수 있는 온갖 종류의 파일들을
동원한다. 우리는 기억을 고정하고, 논리를 부여하고,
상실하지 않도록 안내해 줄 이야기를 구성한다. 그렇게
함으로써 우리는 자신을 읽어낸다. 총체적이고 의심할
여지 없는 해석의 판본을 기반으로 우리가 누구인지
이해하려 한다. 그러나 기억은 제멋대로고 대본을
따르지 않는다. 우리 DNA가 그런 식으로 설계되어
있으며, 그것은 만물의 시원인 대폭발의 잔재인지도
모른다. 기억은 그 통제할 수 없는 힘으로, 논리도
규칙도 없는 혼란스럽고 무작위적인 게임 속 잇따른
우연의 흐름을 타고 움직여 다닌다. 기억은 고개를
치켜들고, 천둥을 울리고, 욕을 하고, 요구하고,
쪼그라든다. 우리를 습격하고 느닷없이 들이닥쳐
우리를 무장해제시킨다. 며칠 전의 전화 통화, 수첩에
적힌 수수께끼 같은 꿈, 낡은 쿠션에 남은 흰머리,
어린아이의 부드러운 코골이, 지붕 위를 날아가는

헬리콥터 엔진 소리.

   앤의 기억은 이 행성에 발 디딘 모든 사람들의 기억과 마찬가지로 어떤 패턴도 따르지 않으며 그 자체의 생명이 있다. 그 반란의 기록은 우주로 보낸 메시지의 일부가 되어 우주 공간을 떠돌고 있다.

♊

이 사진과 기억을 넘어 종국에 우리는 어디로 가는 걸까? 지금 이 순간이 묻혀버릴 시간의 층들을 뚫으려면 얼마나 많은 묘책이 필요할까? 이 여성들의 웃음소리, 꺼진 초에서 나는 연기 냄새, 하얀 식탁보 위 초콜릿 부스러기는 어디로 갈까? 어떤 식으로든 재활용될까? 꿈이 될까? 연처럼 가볍게 날아다니다가 우리가 전혀 예상하지 못한 어느 순간에 내려앉을까?

♊

나는 이 책을 맺기 위해 사막에 왔다. 나는 나만의 골든 레코드, 나만의 기억 캡슐을 만드는 것으로 여정을 마무리할 것이다. 처음에는 메시지가 될 만한 일련의 자료를 봉투에 넣은 다음 열기구에 실어 별들에게 보내면 어떨까 생각했다. 하지만 좀 우습고 유치한 아이디어라 계획이 실패할 게 뻔해 전략을 바꿨다. 그냥 이렇게 앉아서 밤하늘을 바라보며 마음속으로 편지를 쓰거나 생각에 잠겨보기로 했다. 아니면 내 뇌에서 발사되어 가능한 한 먼 곳까지 여행하는 기억 캡슐을 상상해 보거나.

날이 춥다. 재킷 소매 사이로 슬그머니 찬바람이 스며든다. 약간의 졸음기와 누적된 피로감. 오랫동안 하늘을 올려다보느라 목에 생긴 약간의 통증. 달은 없다. 오늘 밤은 눈에 다 담을 수 없이 수많은 별의 그물이 하늘을 뒤덮고 있다. 붓으로 그은 한 획처럼, 하얗게 빛나는 띠가 선명하다. 거대한 덩굴 식물의 몸통으로부터 별의 가지가 뻗어나가고 별 꽃이 피어나는 듯하다. 고대 그리스인은 이를 질투심 많은 헤라의 가슴에서 흘러나온 젖이라고 했다. 그 이미지를 기리는 의미에서 우리 은하계에는 은하수라는 이름이 붙었다.[Ⅱ] 세이건의 책 《코스모스》에 따르면 아프리카 보츠와나 칼라하리 사막의 한 부족은 은하수를 모든 여성과 남성 들이 깃들인 몸의 척추라고 믿는다. 은하수가 밤의 무게를 떠받치고 있기 때문에, 우리는 그 안에서 보호받으며 살아갈 수 있다는 것이다. 그 거대한

[Ⅱ] 서양에서 은하수는 '젖의 길'이라는 이름으로 불린다. 스페인어로는 Vía Láctea, 영어로는 Milky Way다. 그리스 신화에서는 제우스가 인간과의 사이에서 낳은 아들 헤라클레스에게 신과 같은 불사의 몸을 주려고 자고 있는 헤라의 젖을 몰래 물렸는데, 헤라클레스의 빠는 힘이 너무 강한 바람에 놀라 깨어난 헤라가 아기를 밀어내면서 하늘에 흩뿌려진 젖이 은하수가 되었다고 설명한다.

별 무리가 아니었다면 어둠의 파편들이 우리를 덮쳤을
것이다. 밤의 등뼈, 그 부족은 은하수를 그렇게 불렀다.
 내 머리 위에는 별이 흐드러져서 그들을 생생히
느낄 수 있다. 그들의 웅성거림이 들린다. 무수히 많은
목소리가 내 귀에 속삭이고 있다. 그들이 나에게 하는
말을 짐작할 수 있다. 나는 내 어깨에 온 우주를 지고
있다. 우리 인간은 누구든 어깨에 우주를 지고 있다.
나는 그 사실을 어머니의 뇌 신경 검사 때 확인했다.
어머니의 뇌 속 찬란한 수백 개의 별을 보았다. 그녀의
밤을 떠받치는 든든한 척추를. 두려운 어둠으로부터
그녀를 지켜주는 작은 등불들을.
 그것이 내가 캡슐에 넣을 첫 번째 스냅숏이다. 나의
시원이 기록된 어머니의 뇌파도. 내가 태어난 날을
이름으로 붙인 그 별자리 풍경. 그리고 어머니의 사진을
추가할 것이다. 그녀가 처음으로 찍은 사진, 카메라를
향해 웃고 있는 어머니의 소녀 때 모습을.
 비올레타 집에서 본 마리오의 사진도 넣을 것이다.
그리고 비올레타의 젊은 시절 사진도. 비올레타가
스무 살 무렵에 살바도르 아옌데 대통령 선거 운동
중 그와 함께 찍은 사진을 내게 보여주며 얼마나
자랑스러워했는지, 그 감정을 모두와 나눌 수 있도록
우주로 보내야겠다. 내 아들의 연설도 넣을 것이다.
마리오는 그 연설문을 마음에 들어 할 것이다. 할머니도

그럴 것이다. 할머니가 산안토니오 항구의 옛집에서 열린 생일 축하 파티 도중 어머니를 품에 안고 있는 사진 역시 빼놓지 말아야겠다.

우리 할머니는 노동부의 비서였다. 지금은 내 책상에 놓여 있는 낡은 레밍턴 타자기로 그녀는 사무실에서 진행된 회의와 연설, 사건을 전부 기록했다. 그게 할머니의 일이었다. 메모를 작성하고 기록을 관리하는 것. 나는 노동부의 두툼하고 오래된 서류철 속에서 그녀의 굽은 손가락이 타이핑한 기록을 찾아 읽은 적이 있다. 회의록, 명단, 자료 목록, 셀 수 없이 많은 편지, 사직서, 환영사, 기념사, 그것들은 할머니가 그곳에서 일한 세월이 담긴 진정한 기억 캡슐이었다.

나는 할머니에게서 우주 탐사선이라는 천직을 물려받았다고 생각한다. 개입하지 않은 채 관찰하고 기록하는 호기심 많은 드론의 소명을. 나는 일종의 보이저다. 장비, 카메라, 센서 같은 첨단 기술은 못 갖췄고 지능은 인간 수준에 불과하며 그마저도 나이가 들어 좀 저하되긴 했지만 말이다. 나의 작업 도구는 낡은 시상하부와 컴퓨터 키보드를 두드리는 굽은 손가락뿐이다.

어머니의 충혈된 초록색 눈은 어떻게 될까? 소파 쿠션에 남겨진 그녀의 가늘고 흰 머리카락은 어떻게 될까? 이 여성들의 웃음소리, 꺼진 초에서 나는 연기 냄새, 하얀 식탁보 위 초콜릿 부스러기는 어디로 갈까? 그 모든 것을 기억이 복원할 수 있을까? 필요하면 참조할 수 있는 정확한 사본이 저장될까? 목소리, 머리 모양, 체취, 대화 도중 찾아드는 침묵의 순간들이 잊히지 않게 온전히 적은 대본이 있을까? 지금 이 순간이 누군가의 뇌 속에서, 단 한 번이라도 다시, 재현될 수 있을까?

    내 기억 캡슐에 마지막으로 추가할 것은 어머니의 여든 살 생일에 찍은 사진이다. 내 아들의 아버지가 든 카메라 앞에 서 있었던 우리들의 모습은 다른 많은 사진들 사이에 숨어버리고 말 것이다. 종국엔 칼파니 구두 상자나 컴퓨터 하드 드라이브 깊숙이 묻힐지도 모른다. 한때 소녀였던 한 여성의 탄생과 평생을 축하하며 케이크 옆에서 포즈를 취한 사진 속 우리는 행복해 보인다. 그녀도 언젠가 어머니의 팔에 안긴 채, 이제는 존재하지 않는 얼굴들과 함께 이제는 존재하지 않는 장소에서, 이제는 먼 과거가 되어버린 파티 중에 사진 찍은 어린아이였다. 그리고 오늘 나는 우주 탐사선이자 기록 장치의 소명을 다해, 바로 이 사진을 구출한 후 별로 날려 보낸다. 시공간 사이를 정처 없이 떠돌도록. 그러다가 어쩌면 어느 날, 내가 결코 알지 못할 미래에, 다른 인생에서 누군가 이 사진을 발견하고 기억의 바통을 이어받아 계주를 계속해 주기를 바라는 마음으로.

    이 사진을 보는 사람은 누구라도 뇌 속에 불꽃이 일 것이다. 친숙하고도 정다운 감각의 이미지들로 엮인 야광의 그물망이 펼쳐지고, 우리는 그 풍경의 주인공이 될 것이다. 그 색과 질감, 온도, 감정이 우리에게 다시 숨을 불어넣을 것이다. 그 사람의 어두운 방 같은 머릿속에서 우리는 크리스마스트리의 전구 장식처럼 반짝이며 되살아날 것이다.

    우리는 미래에 별이 될 것이다. 내일의 시상하부의 깨진 거울 조각들이. 모스부호를 사용하는 작은 사람들이 되어, 메시지를 보내려 할 것이다. 안녕하세요, 우리가 여기 있답니다. 우리를 잊지 마세요.

2019년 5월, 칠레 산티아고에서

감사의 말

나를 새로운 별자리 탄생 과정의 일원으로 받아들여 준 국제앰네스티의 동료 아나 피케르, 플로리 에스테베스, 일센 하라에게

지울 수 없는 증언을 들려준 비올레타 베리오스에게

함께 읽어준 라리사 콘트레라스에게

글을 빌려준 단테 레오나르트에게

나란히 기록 여행 중인 나의 쌍둥이 탐사선 마르셀로 레오나르트에게

모든 작은 사람들에게

남십자성

게자리

웨누 마푸
www.constelaciondeloscaidos.cl

물고기자리

함-니아

쌍둥이자리

추천의 말   출간 배경

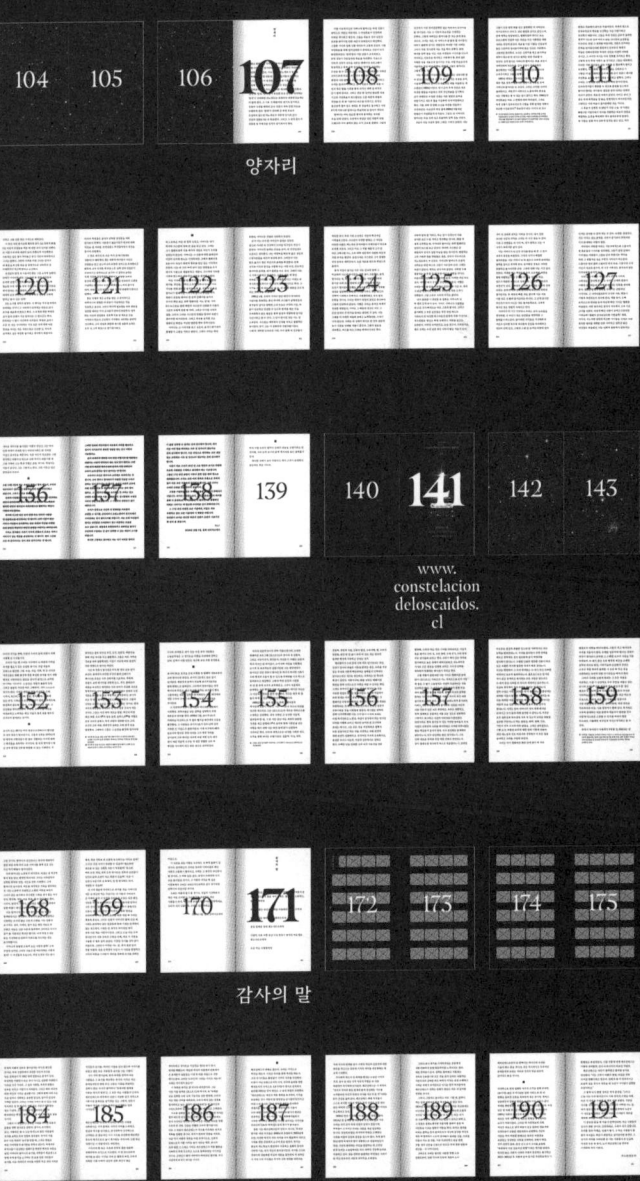

추천의 말

 오직 기억만이 미래를 방문한다. 회오리에 삼켜졌다 토해진 회전목마처럼 뒤죽박죽이고 어지럽고 제멋대로 휘어지곤 하는 기억. 쓸데없이 힘이 센 기억은 미래를 과거로 데리고 날아가, 미래의 꼬리와 과거의 꼬리를 밧줄로 묶어 하나 되게 한다. 미래가 미아로 떠돌지 않도록.
 '심장을 통과한다'는 의미를 가졌다는 기억. 가장 진실에 가까운 기억은 어떤 기억일까. '인간이란 무엇인가'라는 질문을 던지는 동시에 '내가 인간으로부터 온/오고 있는 오래된 존재임을' 재생시키는 기억이 아닐까.
 세계에서 가장 건조하다는 칠레 아타카마 사막. 1973년 군사 쿠데타 때 스물여섯 명이 먼 과거에서 온 별들 아래서 총살당해 파편으로 흩어졌다. 45년이 지나, 그들 한 명 한 명이 아직 도착하지 않은 별로 탄생하는 순간을 기다리는 노나 페르난데스. 피노체트 군부 독재 시기에 성장한 '독재의 딸'. 할머니부터 자신까지 여성 3대를 꿰뚫는 개인의 역사를 사방이 블랙홀이었던 칠레 역사에 함께 겹쳐 엮은 이 기록이, 오늘 한국에 살고 있는 독자를 1만8천여 킬로미터나 떨어진 아타카마 사막으로 데려간다. 품으로 돌아오지 못한 남편을 잃지 않으려 유골 조각 찾아 손으로 사막을 더듬고 있는 늙은 여인 곁으로. 여인에게는 남편의 유골이 절실히 필요하다. 유골을 사랑하니까. 여인을 바라보며 울지 않을 사람이 있을까? 사랑하니까, 우린 아지랑이 한 조각이라도 붙들고 기억하고 싶어 한다. 깊고 섬세한 언어로 심장을 흔들고 대기 밖으로 띄워 별로 만들어 버리는 《보이저》의 첫 독자가 된 것이 여전히 흥분되고 감사하다. 사랑은 기억에서 비롯돼 기억으로 완성돼 간다.

김숨(소설가)

출간 배경

"나는 독재의 딸입니다."

아우구스토 피노체트 정권하 삶과 사회상, 그리고 그것이 현재에 미치는 영향을 지속적으로 다루는 이유에 대해 칠레 작가 노나 페르난데스는 이렇게 답하곤 한다. 역사상 최악의 독재자 중 한 명인 피노체트는 1973년 군사 쿠데타로 집권한 후 장장 17년간 칠레를 폭정의 굴레로 몰아넣었다. 정권에 반대하는 시민들을 무자비하게 탄압하고 정치와 언론을 철저히 통제했다. 공식 집계에 따르면 그 기간에 정치적 이유로 살해된 사망자는 3,200여 명, 불법 구금과 고문 등에 의한 인권침해 피해자는 4만여 명에 이른다. (인권 단체들은 실제 희생자 수가 이보다 훨씬 더 많다고 주장한다.) 약 20만 명이 추방당하거나 망명해 고국을 떠났다. 피노체트는 칠레 역사에 남아 있는 거대한 트라우마의 이름이다.

페르난데스는 1971년생으로, 쿠데타 2년 전에 태어나 피노체트 정권이 종식된 1990년에 성인이 되었다. 그의 성장기는 군홧발과 헬리콥터 엔진 소리, 숨죽인 사람들, 의문의 죽음, 수상한 소문, 비밀스러운 분노로 얼룩져 있다. 이 책에서도 말하듯 "테러가 낯설지 않고 총소리에 민감하지 않은, 충격전 속에 성장한 세대"의 기억이 깰 수 없는 악몽처럼 그의 정체성에 달라붙어 있다.

물론 그 시절 이후 35년이 지났다. 그동안 칠레는 민주주의 체제를 갖추었으며, 줄곧 중도·좌파 성향 문민정부가 이어졌고, 남미에서 두 곳뿐인 경제협력개발기구(OECD) 회원국이 되었다. 외적 조건만 보면 민주주의 국가로의 이행에 성공한 것 같다. 하지만 그럼에도 불구하고 여전히 페르난데스는 "독재의 딸"로서 발화하고 활동한다. 왜일까.

한 인터뷰에서 그는 "어린 시절과 청소년기에 품었던 질문이 작품의 출발점"이었다고 말했다. "그때는 민주주의가 답을 줄 거라고 생각했어요. 민주화되면 왜 그런 일이 일어났는지 명확해질 거라고요. 하지만 답은 따라오지 않았고, 저는 답을 찾아 나섰어요. 저를 형성한 그 시대가 무엇이었는지 알고 싶었습니다." 그에게 쓰는 일은 답을 찾는 탐구였다. 첫 소설에서 이야기의 조각이 나타나기 시작했고, 또 다른 조각이 이어졌다.

도대체 왜 이런 일이 벌어지는가. 인간이란, 세계란, 역사란 무엇인가. 독재는 끝났으나, 칠레 사회에 뿌리내린 독재의 영향력은 끝나지 않았으므로, 독재의 딸의 질문 역시 끝나지 않았다. 민주주의 이행기 과도 정부들은 군부와 타협했고, 그 이후의 과거 청산 시도들은 번번이 피노체트 정권 때 형성된 기득권과 법체계, 정치 문화에 방해받았다. 아직도 독재 정권에 가담한 자들이 유력 인사로 활동하고, 군부가 만든 헌법이 사회 질서를 지배하며, 독재 시대를 옹호하고 추억하는 세력이 있다. 페르난데스의 심장 깊숙이 깃들인 "자신이 살아내야 하는 망가진 나라를 이해해 보려고 애쓰던 한 소녀"의 눈에 칠레 사회는 여전히 검열된 신문처럼 진실을 삼켜버린 블랙홀투성이고, 맞추지 못한 퍼즐 조각이 여기저기 흩어져 있다. 그러므로 독재의 딸의 질문은 멈출 수 없다. 페르난데스의 문학은 자신이 독재의 딸이라는 해명이 아닌 계속 독재의 딸로서 살아 나가겠다는 선언에 가깝다. 칠레의 과거에 비추어 부서진 현재를 조각조각 다시 붙여가는 그의 탐구는 '독재의 딸들' 세대 작가들 중에서도 단연 예민하고 독창적이다.

페르난데스의 2019년작인 《보이저》는 그의 첫 자전적 에세이다. 이전의 픽션들과 궤를 같이하면서도, 작가의 자기 성찰적 위치와 역사관이 좀 더 전면에 드러나 있어, 한국 독자들이 페르난데스의 작품 세계에 진입하기에 좋은 관문 같은 책이다.

어느 날 나이 든 어머니가 기절하기 시작하고, 그로 인해 몇 분간 기억을 잃는 일이 잦아지면서 이야기는 시작된다. 페르난데스는 원인을 밝히기 위해 어머니의 뇌 신경 검사를 진행하고, 모니터 화면에 나타난 신경세포의 빛과 움직임에서 별이 가득한 밤하늘 풍경을 떠올린다. 한 사람의 삶의 기억이 뇌 속에서 일종의 별자리를 이루며 존재한다는 착상은 그를 아타카마 사막으로 데려간다. 별을 관측하기에 최적의 장소인 동시에 피노체트 정권에 의해 스물여섯 명 정치범이 처형당한 그곳으로. 그 죽음이 잊히지 않도록 희생자들의 이름을 26개 별에 붙여 "우주의 기념물"로 만들려는 국제앰네스티 프로젝트에 참여하며 작가는 이야기를 이어 나간다.

'별'이라는 모티프를 매개로 만날 것 같지 않았던 두 영역의 상실이 나란히 놓인다. 어머니가 잃어버린 순간들, 그리고 죽임당한 사람들의 인생. 그 블랙홀들은 어떻게 다시 현재의 맥락으로 이어질 수 있을까.

웅성웅성, 블랙홀 주위에 출현하는 존재들, 발생하는 사건들을 작가는 지켜본다. 쓰러진 어머니를 둘러싸고 상황을 증언하는 목소리들, 사막에서 희생자들을 기리며 터뜨리는 울음들, 그 사람들과 행위들로 빈 시공간은 다만 캄캄한 채 건너뛰어지지 않고, 웅성웅성, 벌들의 군무처럼 살아 움직인다. 상실은 그렇게 구체적인 감각과 이야기가 되고, 서로의 기억이 뒤엉킨다. 페르난데스가 목격한 세계에서 인간이 자잘한 일상 기억으로 이루어진 존재임을 인식하는 일, 그리고 인간이 더불어 역사를 이루는 존재임을 인식하는 일은 떨어져 있지 않다.

'물고기자리' 장에서 서술되는 사막의 별자리 선포식 광경에는 기억과 역사에 대한 이런 작가의 생각이 응축되어 있는 듯하다. 희생자 중 한 명인 남편 마리오의 유골을 찾으며 평생을 보낸 비올레타가 희생자들을 기억하러 온 젊은 천문학자를 안아줄 때, 물고기자리의 꼬리 묶인 물고기들처럼 얽힌 둘을 에워싸고 우리가 덩달아 울 때, 각자의 몸속에 닻을 내린 슬픔이 동시에 풀려나올 때, 기억은 사적인 영역의 경계를 넘어 공통의 영역을 이루는 사건이 된다.

이 장면은 아마도 과거가 칠레 사회에 남긴 깊은 상처, 아무리 민주화를 향해 나아간다 해도 하나하나의 삶 안에서 지워지지 않는 내밀한 어둠을 끌어내어 현재와 미래의 일부로 끌어안자는 작가의 제안일 것이다. 독재 정권하에서 극심한 정신적 외상을 입은 칠레인이 약 20만 명에 달한다는 분석이 있다. 죽임당한 사람만이 죽은 것이 아니고, 실종된 사람만이 사라진 것이 아니다. 그 곁의 사람들, 주위의 삶들도 일부는 죽었고 어딘가가 사라졌다. 그리고 때로 비극에 대한 최선의 기억은 울음뿐이다. 그렇게 함께 나와 우는 것은 얼마나 정확하고 용감한 일인지, 얼마나 진실에 가까운 일인지. 그것은 어쩌면 우리가 할 수 있는 가장 역사적인 일 중 하나다. 깃발 같은 구호나 빈틈없는 제도 이전에, 그것이야말로 민주주의의 윤리가 뿌리내리는 땅임을 한국인만큼 잘 아는 독자들도 없을 것이다.

그래서 이 장면은 그 엄혹한 시대를 버텨낸 보통의 삶들을 향한 헌사로도 읽힌다. 살아서, 포기하지 않고, 어떻게든 할 수 있는 방식으로 맞선 사람들에 경의를 표하는 D의 연설과 겹쳐진다. 작가의 아들 D가 이전 세대의 '용기'를 말할 때, 그것은 총칼로 싸운 아버지들의 용기만을 뜻하지 않는다. 독재자와 부역자들이 등장하는 텔레비전 화면에 행주와 욕설을 날린 어머니와 할머니의 용기를, 새벽같이 투표장으로 향해 독재 종식을 요구하는 한 표를 던진 시민들의 용기를, 다음 세대에게 자리를 마련해 주고 내내 지켜준 여성들의 용기를, 떠나간 이들을 잊지 않으려 이야기를 만들고 전한 모든 사람들의 용기를 그는 기린다.

여기 사막 한가운데, 밤의 추위를 견디며 우는 사람들은 그 용기를 계승하는 중이다. 각각은 작은 존재일지언정 한데 모인 그들은 어둠을 떠받치는 등뼈가 된다. 작가의 말마따나 "등대처럼 현재를 비추는 과거의 별빛"은 그 모든 작은 사람들의 인사다. 페르난데스의 세계에서 인간이 자잘한 일상 기억으로 이루어진 존재임을 인식하는 일은 그렇게, 인간이 더불어 역사를 이루는 존재임을 인식하는 일과 이어진다.

⊕

페르난데스는 독재의 역사라는 묵직한 주제를 다루면서도 시적 문체로 기억의 의미를 드러내고, 현실과 허구를 넘나들고, 공상과학적 상상력으로 도약하는 등 관습적인 서사 구조를 유연하게 깨뜨리는 특유의 형식으로도 높이 평가받는 작가이며, 그런 점은 에세이인 이 작품에서도 여실하다.

이야기의 한 축은 우주와 생명에 관한 천문학·생명과학적 지식으로 직조된다. 저 먼 곳으로부터 헤아릴 수 없는 여정을 거쳐 온 별빛의 속성, 우주의 대폭발 이래 수백억 년간의 진화 과정이 품은 까마득하고 경이로운 시간성은 제3의 축이 되어 현재를 꿰뚫는다. 개인과 역사의 차원에서 반복되어 온 존재론적 질문들은 이제 또 다른 차원으로 껑중 뛰어오른다. 우리는 누구인가? 우리는 어디로 가는가? 우리는 어디에서 왔는가?

이 독특한 형식은 곧 작가의 세계관이다. 그는 어린 시절 즐겨본 〈코스모스〉의 메시지, 즉 "수백만 년을 진화한 우리 뇌의 가능성을 전부 발휘해, 우리의 작은 영토 너머를 바라보라, 우리가 매여 있는 경계를 털어버리고 높은 곳에서 내려다보라"는 칼 세이건의 조언으로부터 길고 멀리 보는 눈을 배웠다고 고백한다.

지구를 창백한 푸른 점으로 보는 순간, 인생과 역사는 별의 궤도에 진입한다. 장구한 계주 속 우리의 존재는 잠시 지나치는 정거장이며, 이 모든 사건은 무수한 평행 우주의 한 지점, 인간은 광활한 우주의 딸아들이다. 바로 그 차원이 페르난데스가 역사를 마주하는 작가의 책무를 단련한 곳이다. 과거가 현재에 영향을 미치듯, 지금 역시 미래에 영향을 미칠 과거이므로, 인류의 일원으로서 어떤 기억을 실어 나르는 책무. 보이저 호에 빗댄 그 소명은 아마도 페르난데스가 작품 활동을 지속하기 위해 두고두고 스스로 들려주었던 이야기일 것이다. 고대인이 밤의 사막에서 따라갔던 별처럼, 작가 자신에게 부적이 되어준 이야기.

페르난데스의 작품은 묻는다. 우리는 기억으로 무엇을 하는가. 기억은 우리를 통해 무엇을 하는가. 그의 이야기들은 끊임없이 기억의 의의를 갱신한다. 수동이 아닌 능동으로서의 기억, 정의와 윤리를 향한 행위로서의 기억으로. 《보이저》가 영어로 번역되어 출간된 2023년 영미 평단도 그 점에 특별히 주목했다. "페르난데스는 개인의 저항 행위를 촉구하며, 기억을 보존하는 것이 저항의 한 방법임을 암시한다"(《시카고 리뷰 오브 북스》), "과거 범죄의 재발을 방지하기 위해서는 폭력의 역사와 그 책임자들의 이름이 우리 내면의 아카이브에서 사라지지 않아야 한다는 감동적인 상기"(《빅 이슈》), "진실과화해위원회가 기록한 경직되고 불완전한 역사를 넘어서는 이야기를 선보인다"(《뉴욕 매거진》) 등의 평가가 쏟아졌다.

물론 이는 페르난데스만의 임무가 아니다. '독재의 딸아들' 세대 작가들은 1990년대 후반부터 2000년대 초반, 다양한 형식의 기억 서사를 다수 발표하며 새로운 시대를 향한 공동체의 요구에 힘을 실었다. 당시는 말년의 피노체트가 런던에서 구금되고 칠레에 돌아와 사망에 이른, 과거 청산의 분기점이었다. 작가들 스스로 성장기에 내면화된 억압과 의문을 돌파하며 써 내려간 이 시기 기억 서사들은 국가적 극복 과제를 내세우는 거대 서사의 한계를 넘어 구체적 개인과 인간성에 대한 화두를 파고드는 공동체 기억의 의미를 공론화하는 데 크게 기여했다.

극우화의 파도가 전 세계를 덮치는 오늘날 기억의 의의, 살아 숨 쉬는 기억 서사의 역할은 또 다른 측면에서 묵직하게 다가온다. 페르난데스는 이 책에서 "기억의 의미와 힘을 현재에 맞게 갱신하는 시도를 누락한다면 자신의 세대가 대가를 치르게 될 것"이라는 D의 근심을 옮겨 쓴다. 페르난데스 세대 작가들이 스스로 부여한 기록의 책무는 독재 정권을 직접 겪지 않은 세대의 인구가 늘고 있는 현재의 칠레에서 더더욱 중요해지고 있다.

2025년 한국 사회에도 이 질문들은 낯설지 않다. 2024년 말 윤석열 전 대통령의 비상계엄 선포 이후 우리는 과거 군사 독재 정권의 잔재가 끈질기게, 속속들이 도사리고 있다는 사실을 새삼 실감하는 중이다. 청산되지 않은 과거사의 망령은 오랫동안 사회를 떠돌며 갈등과 분열을 일으켜 왔다. 독재 종식 25년 만에 독재자의 딸이 대통령으로 선출되었는가 하면, 정권에 반대하는 국민을 탄압하는 데 쓰였던 반공 논리는 오늘날까지도 극우 세력의 정당화 논리로 작동하고 있다. 잊을 만하면 출몰하는 망령들은 우리가 발 디딘 민주주의 기반의 취약성을 드러낸다.

그러다 보니 과거를 기억하겠다는 공동체의 귀한 약속마저 흔한 레토릭처럼 느껴지기도 한다. 때론 무력감이 든다. 권력을 둘러싸고 거듭되는 정치의 소용돌이와 모든 것을 돈의 논리로 치환하는 자본주의의 급속한 속도 속에서 기억은 점점 수행하기 어려운 과제가 되어간다고 여기는 한국 독자들에게 페르난데스가 전하는 칠레의 현실은 바로 내 일처럼 생생할 것이다.

그러나, 그럼에도 불구하고 바로 이럴 때, 문학이 하는 일에 대해서도 한국 독자들은 잘 알고 있다. 2024년 노벨문학상 수상자인 한강 작가는 공교롭게도 비상계엄 선포 직후 열린 시상식에서 자신의 소설의 기저에 "과거가 현재를 도울 수 있는가, 죽은 자가 산 자를 구할 수 있는가"라는 질문이 있다고 밝혔고, 그 질문은 돌림노래처럼 주문처럼 불리며 혼란 속 시민들을 이끄는 별빛의 역할을 했다. 과거로 현재를 비추는 문학은 단지 받아쓰기가 아니며 장구한 역사의 계주 속 현세대가 소중히 물려받아 물려줄 것들, 자취를 더듬어 겨우 쥔 것들, 가장 마지막까지 남을 만한 것들, 결국 인간을 인간으로 만드는 것에 관한 질문과 제안들… 의 아카이브다.

그러므로 우리는 멀지만 나란한 평행 우주 칠레로부터, 칠레 역사와 민중의 계승자 노나

페르난데스로부터 온 깜빡이는 메시지에 주의를
기울여 봐도 좋을 것이다. 모든 역사적이고 우주적인
존재들에게 보내는 격려와 경의의 뜻을 반갑게
읽어내도 좋을 것이다.

⊕

마지막으로 현재 칠레와 작가의 소식을 전해 보자면,
《보이저》 출간 후 약 5년간 칠레 사회도 또 한 번
헌법을 둘러싼 진통을 혹독하게 겪은 참이다. 책에도
언급되듯이 칠레의 헌법은 쿠데타 이후 군부가 군사
독재를 뒷받침하기 위해 제정한 바로 그 헌법이다. 수십
년간 몇 차례 개정만 되었을 뿐 근간은 유지되다가
2019년 사회적 불안정과 불평등 해소를 촉구하는
대규모 시위 이후 아예 새로운 헌법을 제정하자는
요구가 거세어졌다. 그다음 해 국민투표에 의해,
역사상 처음으로 남녀 비율이 같고 원주민 대표자와
각계각층이 포함된 제헌의회가 출범했다. 2년의
기간을 거쳐 마련된 헌법안은 원주민 자결권을
보장하고 양성평등 의무를 강화하며, 경제적 평등,
성적 다양성 존중, 환경 정의 등의 가치를 표방해
"세계에서 가장 진보적인 헌법"이라는 평가를 받았다.
하지만 높은 사회적 기대와 국제적 관심에도 불구하고
2022~2023년 두 차례에 걸쳐 실시된 국민투표에서 이

헌법안은 부결되었다. 이런 상황에 대해 페르난데스는 어떻게 생각할까, 단지 수포이거나 퇴보인 것일까.

페르난데스는 자신이 물려받고 물려줄 용기로 선언한다. "나는 그것이 미래의 헌법, 내일을 위해 쓰여진 헌법이라고 믿는다. 칠레가 좀 더 민주적이고 포용력 있는 국가가 되었을 때 누군가 이어받아 실행할 유산이라고."

그 말에 다시 한번 겹치는 책의 문장들. "그리고 오늘 나는 우주 탐사선이자 기록 장치의 소명을 다해, 바로 이 사진을 구출한 후 별로 날려 보낸다. 시공간 사이를 정처 없이 떠돌도록. 그러다가 어쩌면 어느 날, 내가 결코 알지 못할 미래에, 다른 인생에서 누군가 이 사진을 발견하고 기억의 바통을 이어받아 계주를 계속해 주기를 바라는 마음으로."

이 문장을 읽을 때 마음이 반짝인다면, 작은 사람들의 인사가 통한 것이다. 안녕하세요, 우리가 여기 있답니다. 우리를 잊지 마세요. 언젠가 별이, 그 작은 사람들이 될 한국 독자들도 똑같이 화답하고 싶어진다면 좋겠다. 그 인사의 의미를 우리만큼 잘 아는 사람들이 또 있을까. 역사와 우주 속 동지, 노나 페르난데스를 한국에 소개하게 되어 기쁘다.

박우진(편집자)

보이저

초판 1쇄	×	2025년 8월 1일
지은이	♋	노나 페르난데스
옮긴이	♍	조영실
편집	✳	박우진
디자인	♈	동신사
제작	♓	제이오
펴낸곳	×	가망서사
등록	♋	2021년 1월 12일 (제2021-000008호)
주소	♍	서울시 은평구 통일로78가길 33-10 401호
메일	✳	gamangeditor@gmail.com
인스타그램	♈	@gamang_narrative
ISBN	♓	979-11-990481-2-6 (03870)

이어주는, 데려가는, 건너가는 이야기들